¡vaya!

LIBRO 2

Written at the Language Teaching Centre,
the University of York by Michael Buckby,
Michael Calvert, Christine Newsham and Brian Young

Nelson

Thomas Nelson and Sons Ltd
Nelson House Mayfield Road
Walton-on-Thames Surrey
KT12 5PL UK

Nelson Blackie
Wester Cleddens Road
Bishopbriggs
Glasgow G64 2NZ UK

Thomas Nelson Australia
102 Dodds Street
South Melbourne
Victoria 3205 Australia

Nelson Canada
1120 Birchmount Road
Scarborough Ontario
M1K 5G4 Canada

© The Language Teaching Centre, University of York 1988

First published by Thomas Nelson and Sons Ltd 1988

I(T)P Thomas Nelson is an International
        Thomson Publishing Company

I(T)P is used under licence

ISBN 0-17-439157-9
NPN 9 8

Printed in China

ACKNOWLEDGEMENTS

Photographs

Barnaby's: p.84 (x2)
J Allan Cash: Front and back cover, p.4 (bottom left), p.7
(bottom right), p.49, p.72 (right), p.73 (top left, top right),
p.76 (x2)
Nicky Clark: p.84 (x4)
Greg Evans: p.72 (left), p.73 (bottom)
Spanish National Tourist Office: p.8 (bottom)
Thomson Holidays: p.77, p.95
Janine Wiedel: p.22 (right)

All other photos: Chris Ridgers

Every effort has been made to trace owners of copyright
and, if any omissions can be rectified, the publishers will
be pleased to make the necessary arrangements.

Illustrations

Students of Ealing College for handwritten letters in
Spanish.
John Gilkes, Lizzie Kelsall, Colin Lewis and Martin Shovel
for artwork and illustrations.

MATERIAS

¡Bienvenidos a Cantabria! 📼

La Oficina de Turismo de Santander ha preparado alguna publicidad sobre la provincia de Cantabria con la ayuda de cuatro jóvenes. Estos chicos hablan de lo atractivo de la capital y de la Costa Cantábrica. Escucha bien lo que dicen.

Miguel
(15 años)
Santillana

Paco
(13 años)
Laredo

Mariluz
(16 años)
Reinosa

Luisa
(14 años)
Santander

– Así que quieres saber algo de Cantabria. ¿Dónde está Cantabria?

– Está en el norte de España entre el País Vasco y Asturias. Tiene al norte el Atlántico y al sur los Picos de Europa – unas montañas muy altas.

– Aquí tienes una foto de los Picos. ¡Tienen más de 3.000 metros de altura!

– Aquí tienes la costa. Hay más de 70 playas en Cantabria.

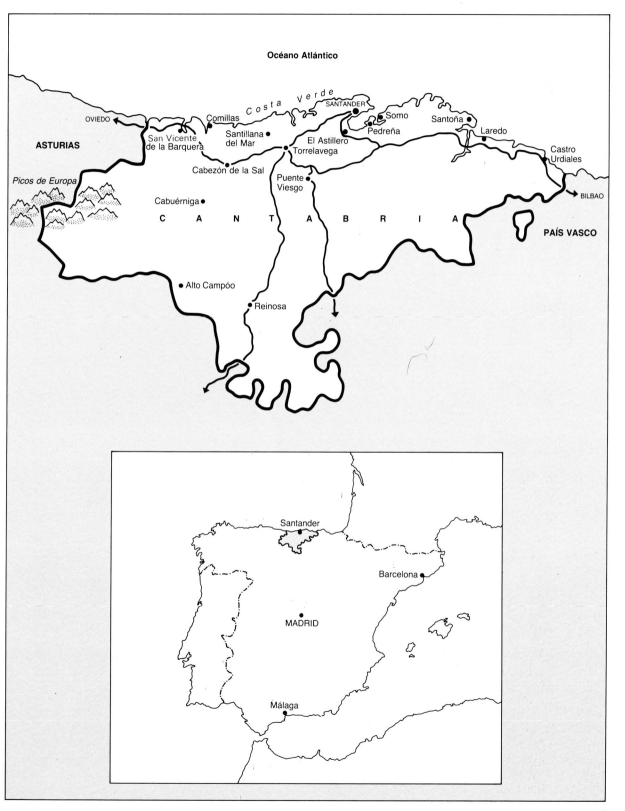

Océano Atlántico

Costa Verde

OVIEDO

ASTURIAS

Comillas

SANTANDER

Somo

San Vicente
de la Barquera

Santillana
del Mar

Pedreña

Santoña

El Astillero

Laredo

Torrelavega

Picos de Europa

Cabezón de la Sal

Castro
Urdiales

Puente
Viesgo

BILBAO

Cabuérniga

PAÍS VASCO

C A N T A B R I A

● Alto Campóo

● Reinosa

Santander

Barcelona ●

MADRID ●

Málaga ●

– ¿Qué hay en Cantabria? Hay espectáculos de todo tipo. Hay cines, teatros, conciertos, festivales, corridas, un casino. . . .
Mira lo que hay:

– ¿Qué espectáculos te gustan más?

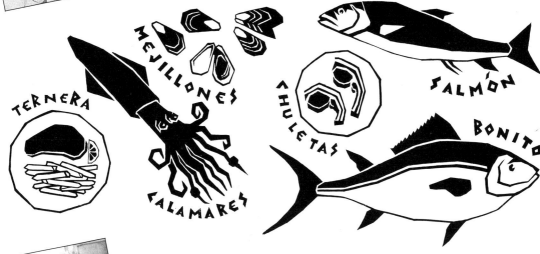

– ¿Y la comida? Se come mucho pescado, desde luego. Hay platos típicos a base de la sardina y del bonito. Hay salmón de los ríos y mariscos del Cantábrico. La carne también es exquisita.

– ¿Es muy distinta de tu comida?

TERNERA
MEJILLONES
CALAMARES
CHULETAS
SALMÓN
BONITO

– ¿Y los deportes? A mí me gustan. Hay cantidad: el esquí, la pesca, la caza, el alpinismo, los deportes náuticos como el windsurfing, por ejemplo, el tenis, el golf. . . .

– Aquí está el terreno de golf de Santander.

– El esquí es muy popular en invierno.

– ¿Qué deportes prefieres?

CAMPO MUNICIPAL DE GOLF "MATALEÑAS"
SANTANDER

HOYOS
1-EL REGATUCO
2-MOURO
3-LOS MOLINUCOS
4-PINDIO
5-EL FARO
6-EL PALACIO
7-EL SARDINERO
8-LA CURVA
9-EL TEJO

PARQUE MUNICIPAL

– Y para los jóvenes . . . pues hay discotecas, clubs juveniles, parques y jardines zoológicos, piscinas y atracciones.

– En Santander hay un zoo muy cerca del mar.

– Aquí se ven los jardines de Piquío.

OSO POLAR
Thalarctos Maritimus

Mamífero carnívoro de gran tamaño, con pelaje blanco o blanco amarillento. En estado adulto, sobre los 4 años, alcanza de 2 a 2,5 mts. de longitud cabeza-tronco y de 400 a 800 kgs. de peso, siendo siempre las hembras de menor tamaño. Muy agresivos y peligrosos en cautividad.
Alimentación en libertad: focas, peces, algas.
Alimentación en zoos: verdura, fruta, pan, carne y pescado.
Gestación: de 8 a 9 meses; 1 ó 2 crías por camada (cada 2 ó 3 años).
Distribución geográfica: viven en una amplia zona, alrededor de las regiones polares árticas.

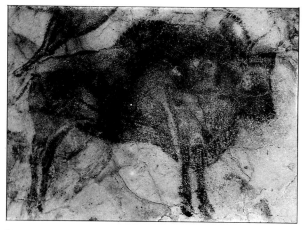

– ¿Te gusta la historia? Pues tenemos iglesias, castillos, monumentos, arte prehistórico.
Aquí se ven las pinturas de Altamira. Datan de más de 15.000 años. ¡Fíjate!

8

– Y no olvides que se puede visitar toda la costa hasta Galicia en coche, tren, autocar o avión.

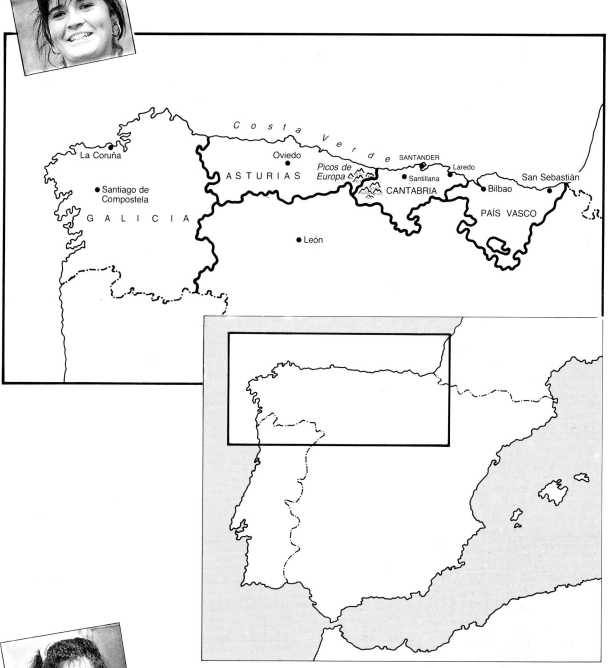

– Hay mucho más, claro. Hay que visitar el país para conocerlo. Pero, por lo menos, tienes ahora una idea.
¡Hasta luego!

UNIDAD I

El pueblo y la ciudad

When you arrange to visit your Spanish penfriend, there are many things you will want to know about the town in which you're going to stay. Likewise, your Spanish friend will need information about your town when he or she comes to visit you.

By the end of this unit you will be able to:
give your opinions about your town,
ask others for their views,
compare and contrast different places.

Estas frases te ayudarán a entender a un español y son útiles cuando hablas de tu pueblo o ciudad.

¿Qué te parece Santillana?	What do you think of Santillana?
Es un pueblo muy antiguo y tranquilo.	It is a very old and quiet town.
En Santoña hay pocos habitantes.	In Santoña there are few inhabitants.
El puerto pesquero es muy típico.	The fishing port is very typical.
Es muy limpio y no es muy ruidoso.	It is very clean and not very noisy.
El barrio tiene mucho tráfico y es muy sucio.	The area has a lot of traffic and is very dirty.

El plano de Santander

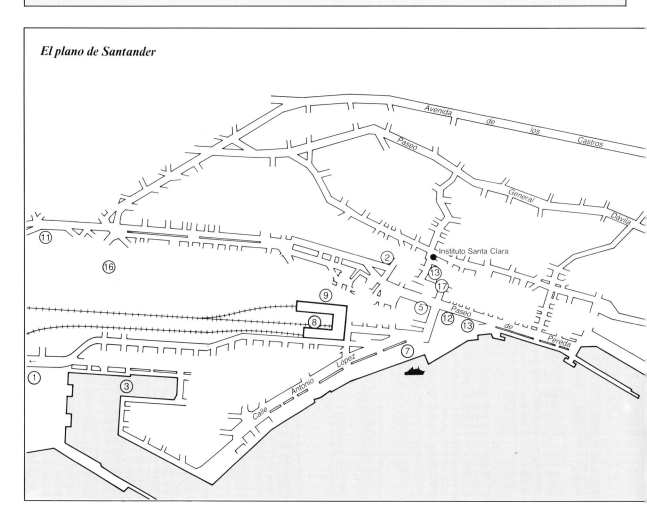

Lo mejor es que la bahía es turística y hay un casino.	The best thing is that the bay caters for tourists and there is a casino.
Lo peor es que hay muchas fábricas.	The worst thing is that there are a lot of factories.
¿Cuál prefieres?	Which do you prefer?
Laredo es más turístico pero menos interesante que Santoña.	Laredo is more 'touristy' but less interesting than Santoña.
Hay menos gente en San Vicente	There are fewer people in San Vicente
. . . y menos atracciones.	. . . and (there is) less entertainment.

 ### Una carta de tu corresponsal

Luisa Serrano, la nueva corresponsal de Joanne Palmer de Newport, le escribe su primera carta que está en la página 12, y le envía un plano del centro de Santander. Aquí tienes el plano:

Leyenda

1 →Aeropuerto
2 Ayuntamiento
3 Puerto pesquero
4 Casino
5 Catedral
6 →Camping
7 Estación marítima
8 Estación FEVE
9 Estación RENFE
10 →Faro
11 Hospital
12 Jardín Público
13 Oficina de Turismo
14 Palacio Real
15 Playas
16 Plaza de Toros
17 Plaza Porticada
18 Zoo

Los padres de Joanne quieren saber lo que dice Luisa.
Abajo tienes las preguntas que hacen.
A ver si puedes encontrar toda la información que
quieren los padres.

Rte: Luisa Serrano
Calle Antonio López, 6, 4°, 3ª
39009 Santander

Santander, 3 de septiembre

¡Hola!

Soy tu nueva corresponsal. Me llamo Luisa
y tengo catorce años. Vivo aquí en Santander con
mis padres, mi hermano mayor Pepe y mi hermana menor Julia.
Pepe tiene dieciséis años y Julia diez.

Vivo en un piso en el centro de la ciudad cerca de la
bahía, como puedes ver en el plano. Desde mi dormitorio se ven
los barcos en el puerto y los ferries que llegan a la Estación
Marítima. Creo que vienen de Plymouth en Inglaterra.

Me gusta mucho el barrio. Vivo muy cerca del centro,
donde hay tiendas, cafeterías y restaurantes. Lo mejor es que mis
amigos viven cerca y así salimos juntos a la playa y a la
discoteca. Vamos a la playa en autobús que pasa por delante
de mi casa. El cine Bahía está también muy cerca. Dan cinco
películas a la vez.

Lo malo es que hay mucho tráfico por estas calles, y es
muy ruidoso por la mañana y en verano sobre todo.

¿Cómo es tu ciudad o pueblo? ¿Es como la mía?
En tu carta dime cómo es. Me gustaría visitarte un día.

Nada más por hoy.

Un abrazo de tu nueva amiga.

Luisa

What does Luisa say about herself and her family?
Where does she live in Santander?
Does she like living in that part of the city and if so,
why?

Is there anything she doesn't like about living there?
Does she want to know anything about Joanne?
What sort of questions does she ask?
Does she mention anything about an exchange visit?

Encuesta sobre Santander y Cantabria
– primera parte

Santander's local newspaper, *El Diario Montañés*, conducted a survey of its readers to find out what the people of Santander thought about their area. Here is the introduction to the article and the first part of the survey.

What are the general conclusions? List what you think are the three main points, and then compare them with your partner's.

SANTANDER HOY Y MAÑANA

Para Santander, y para los santanderinos, el turismo es muy importante. Miles de españoles y extranjeros vienen a Santander cada año. Es preciso que encuentren lo bueno de la capital de la provincia y no lo malo. Aquí están los resultados de la encuesta sobre Santander:

¿CÓMO ES SANTANDER?		LO MEJOR DE SANTANDER SON:	
bonita	80%	las playas	35%
limpia	70%	las distracciones	30%
sucia	12%	los restaurantes	15%
ruidosa	40%	las tiendas	10%
tranquila	55%	los hoteles	5%

EN SANTANDER SE NECESITAN MÁS:	Sí	No
cines	5%	90%
piscinas	12%	50%
discotecas	30%	65%
polideportivos	20%	75%
distracciones en general	30%	50%
fábricas	40%	43%

¿Está de acuerdo o no la gente? 📼

As a result of the survey and the Santanderinos' reactions to it, the local radio station invited them to phone in and give their views. You listen to the programme and are interested to compare the opinions expressed on the radio with those in the newspaper.

   Listen to their comments, note down their opinions and then compare them with the findings of the survey. Do they agree or disagree with the majority?

Ejemplo:
1   Dice que Santander es muy bonita y tranquila. Está de acuerdo con lo que dice en el periódico.
2   Dice que Santander es muy ruidosa. No está de acuerdo con lo que dice en el periódico.

Nota: Muchas veces en este libro hay diálogos en que un alumno tiene que hacer un papel y otro alumno el otro papel. En estos casos hay que saber decidir quién va a hacer qué papel primero. (Después de algunos minutos se cambian los papeles.)

Ejemplo:
Alumno A – Bueno, hay dos papeles: el tendero y el cliente.
Alumno B – ¿Qué quieres hacer?
Alumno A – Primero, yo soy tendero.
Alumno B – Vale, y yo el cliente.

A ver si puedes hacer lo mismo en el ejercicio que sigue en la página 15.

Lo bueno y lo malo

Se presentan aquí algunas opiniones de jóvenes sobre unos pueblos de la provincia.

Lo bueno de Santillana es que es muy típico.

Lo mejor de Santoña es que es bastante tranquilo.

Lo importante para mí es que la playa está cerca de Santander.

Lo malo de Santander es el tráfico.

Lo peor de Laredo es que es muy turístico.

Leyenda

Colegiata		Iglesia	
Parador		Discotecas	
Zoo		Barrio pesquero	
Cuevas		Templo romano	
Museo		Hoteles	
Camping		Tenis	
Playas		Plaza de toros	
Restaurantes		Fiestas	
Bares			

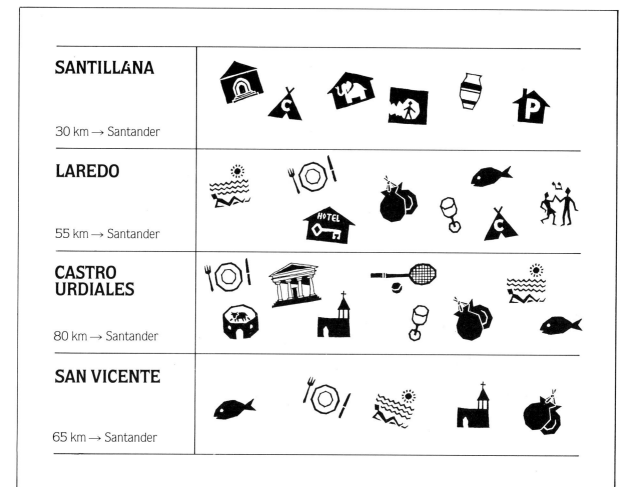

SANTILLANA 30 km → Santander	
LAREDO 55 km → Santander	
CASTRO URDIALES 80 km → Santander	
SAN VICENTE 65 km → Santander	

En casa de tu corresponsal lees esta información sobre unos pueblos de Cantabria. Pide a tu pareja que te diga lo que piensa, y luego dile lo que piensas tú.

Ejemplo:

Tú – ¿Qué te parece Laredo?

Tu corresponsal – Lo mejor es que hay discotecas. Pero lo malo es que está bastante lejos. ¿Qué te parece?

Tú – Lo bueno para mí es que hay un camping.

¿Estás de acuerdo con lo que dice tu pareja? Si no, díselo.

Ejemplo:

Tu corresponsal – Lo bueno para mí son las fiestas.

Tú – No me gustan. Lo bueno para mí es el barrio pesquero.

Tu corresponsal quiere hacerte preguntas sobre tu pueblo. Primero haz una lista de lo bueno, lo malo, lo mejor y lo peor de tu pueblo o ciudad. Entre vosotros haced unas preguntas, cambiando de papel después de unos minutos.

Ejemplo:

Tu corresponsal – ¿Qué es lo bueno de tu pueblo?

Tú – Lo bueno es que hay una piscina y un polideportivo.

¿Dicen la verdad?

Unos turistas españoles vienen a tu pueblo o a tu ciudad. Hablan de sus primeras impresiones del pueblo. ¿Tienen razón o no? ¿Qué dicen acerca de tu pueblo?

Una carta de Santillana

Miguel Puente, de Santillana, escribe a Paul Andrews, su nuevo corresponsal. Le envía una carta, un folleto sobre el pueblo y dos fotos. Paul quiere visitar Cantabria y le interesa muchísimo saber cómo es el pueblo de su corresponsal. Quiere saber lo siguiente:

Where is Santillana?
What is it like?
What sort of places are there to see and visit?
Are there lots of things for young people to do?

Mira primero la información turística y las fotos, y trata de encontrar respuestas a las preguntas de Paul.

Now read Miguel's letter. Does he pick out the same points as the tourist leaflet?
What are the differences between the two?
How would you feel about living in Santillana?
How does Miguel feel?

Write a reply to Miguel's letter telling him about your town.

Santillana
15.000 años de historia

A 7 kilómetros al noroeste de Torrelavega y a 30 kilómetros de Santander, por carretera, se encuentra **Santillana**, un pueblo medieval poco cambiado por los siglos. Es un pueblo rural, que vive de la agricultura y del turismo.

Tiene casas muy antiguas que pertenecían a los nobles y, lo más importante, la Colegiata del siglo XII con su claustro. Las dos calles principales conducen a dos plazas típicas, la de la Colegiata y la de Ramón Pelayo donde se encuentra la torre del Merino. Actualmente la torre se ha convertido en un Museo de Arte Contemporáneo.

Situado a la entrada de la calle Juan Infante, en una de las casas más antiguas, está el Parador Nacional de Turismo.

A dos kilómetros de Santillana se encuentra uno de los más importantes monumentos mundiales del arte prehistórico. Hace quince mil años

Rte: Sr. Miguel Puente
Calle Cantón 74
Santillana
Cantabria

Santillana, 10 de septiembre

¡Hola Paul!
Yo soy tu nuevo corresponsal, Miguel Puente. Tengo quince años y vivo en Santillana. Es un pueblo pequeño cerca de Torrelavega y con Santander más lejos a unos 30 kilómetros. Es mucho más pequeño que Santander, claro. Sólo tiene unos 5.000 habitantes. En realidad tiene dos o tres calles bastante largas y otras más pequeñas.
Es un pueblo muy antiguo con una colegiata (tipo de iglesia) y casas antiguas. No sé nada de historia ni de cultura, pero vienen los turistas de todo el mundo a ver la colegiata.
¿Qué más hay? Pues, unas tiendas de recuerdos, bares, un parador y un museo. Es difícil para los jóvenes - lo malo es que no hay nada para nosotros. Los mayores tienen coche y van a otros pueblos pero es más difícil para los jóvenes porque hay pocos autobuses.

¿Qué hay en tu pueblo? ¿Hay mucho para los jóvenes?
Cerca de Santillana están las cuevas famosas de Altamira. No sé cómo son, pero se dice que los pinturas son muy interesantes.
No te preocupes, Paul. Ya sé que Santander es más animada, más grande y, para los jóvenes, más interesante, pero si vienes aquí podemos ir muchas veces a Santander con mis padres que trabajan allí.
En tu carta dime cómo se compara tu pueblo con el mío. Es más grande, ¿verdad? Dime cómo es.
Un abrazo muy fuerte de tu amigo
Miguel

P.D. He encontrado este folleto sobre Santillana, y también unas fotos. Te los envío para darte una mejor idea.

Encuesta – segunda parte

Aquí están los resultados de la segunda parte de la encuesta del periódico. Los lectores han puesto en orden los pueblos según las categorías diferentes.

Ejemplo:
Santillana es el pueblo menos industrial = 1
. . . y más típico = 7

Pueblo	turístico	bonito	tranquilo	interesante	típico	industrial
Santander	6	5	2	7	2	5
Santoña	5	4	5	3	5	4
Laredo	7	3	1	2	1	2
Castro Urdiales	3	2	6	5	4	6
Santillana	4	6	4	6	7	1
San Vicente	2	7	7	4	6	3
Torrelavega	1	1	3	1	3	7

Visitas la región con tu corresponsal. Tienes una copia de la encuesta y quieres decidir adónde ir.

Tu pareja te habla sobre dos de los pueblos. Si, por ejemplo, comparas Santander y Santillana, tú puedes decir:
– Santander es más turístico que Santillana, pero menos típico.

Tu pareja puede decir:
– Sí, y Santillana es más bonito.

Lee este diálogo entre dos españoles, Ana y Miguel, que hablan de dos pueblos: San Vicente y Santoña. Luego, de los siete pueblos, escoge dos y haz un diálogo similar para decidir adónde ir.

Ana – ¿Cuál prefieres?
Miguel – Prefiero San Vicente. Es más bonito que Santoña.
Ana – Es menos turístico también.
Miguel – Sí, y más tranquilo.
Ana – Vamos a San Vicente, entonces.

Now imagine you are in England, discussing with your Spanish friend which of two towns to visit. Decide in advance on two local towns which you know well. Ask your Spanish friend which he or she thinks is more interesting, typical, etc. Then decide which town to visit. Afterwards change roles with your partner.

Ahora la prueba . . .

You can now say quite a lot about your town and understand Spanish people talking about different places. Here is some further practice to prove you can do these things.

1 You are on holiday in Spain with your family. You are reading the information about the two towns below which you might like to visit. As the rest of the family cannot read Spanish, decide which town would best suit each of you:

a your father, who hates large tourist resorts
b your mother, who likes walking and visiting local shops
c yourself (you like sunbathing)

The answer may be different for each person. Which town, on balance, would you choose for the whole family?

LAREDO
11.000 habitantes (90.000 en verano). Importante centro turístico con muchos hoteles y apartamentos modernos. También hay un barrio antiguo y un puerto pesquero.

SANTOÑA
Centro comercial, social y administrativo. Pueblo típico con mercado al aire libre. Paseos, parques y playa bonita. Otro aspecto del pueblo: su industria conservera de pesca.

Now do the same for these next two towns, bearing in mind that:

a your father doesn't really like the coast at all
b your mother is very interested in culture and the typical country life
c you are not interested in culture and prefer the coast

Again, the answer may be different each time. Which town, on balance, would you choose for the whole family?

CASTRO URDIALES
Pueblo antiguo que se agrupa alrededor de su castillo y la iglesia gótica. Lo más importante es la pesca, las conservas de pesca y la industria. Tiene playa y puerto pesquero.

SANTILLANA
Vive de los productos agrícolas y del turismo. Pueblo muy antiguo con plazas, torres, casas antiguas y una Colegiata del siglo XII. Pueblo muy bonito y típico a 2 kilómetros de las cuevas de Altamira.

2 📼 Look back at the plan of Santander on pages 10–11. Listen to the tape that four of Luisa's friends have made, describing the areas of Santander where they live. Make notes on each person.

Joanne would like the following information:

Which part of the city do they live in?
What is it like?
What do they like doing?
Do they like the area they live in?

3 Prepare a dialogue with your partner, discussing which of the two towns below you would like to visit. Try to say as much as you can about each one.

BILBAO
Más de 600.000 habitantes. Capital de Vizcaya. Centro industrial y comercial. Tiene cines, teatros, restaurantes típicos, tiendas y grandes almacenes y un aeropuerto internacional.

REINOSA
70.000 habitantes. Al pie de los Picos de Europa, a 73 kilómetros de Santander. Reinosa vive del turismo, de la agricultura y la industria. Es un pueblo bonito con buenos hoteles y restaurantes.

Ejemplo:
A – ¿Adónde quieres ir?
B – Me gustaría ir a Reinosa. Es más pequeño y está cerca de las montañas.
A – ¿Qué te parece Bilbao?
B – ....

4 The teacher of the Spanish school with which you have an exchange has asked you to prepare some publicity material to encourage her pupils to come to your town.

Say what there is in your town, and pick out its best features. If you live in a very small town, you might like to describe the attractions of a larger town nearby.

Ejemplo:
Lo bueno es que hay poco tráfico. Hay un cine, bares. . .

Ahora sabes . . .

Now you know . . .

how to ask about other towns	¿Cómo es Santander? ¿Qué te parece Bilbao? ¿Te gusta el puerto pesquero? ¿Es bonita la bahía? ¿Hay muchas fábricas en tu ciudad?
how to give opinions about a town	Es muy bonito y bastante tranquilo. El centro es ruidoso con mucho tráfico. Es muy industrial y hay barrios sucios. Tiene pocos habitantes. Es muy típico. Lo mejor es que es limpio. Lo malo es que no hay un polideportivo. Lo peor es que no hay atracciones. Hay un casino.
how to make comparisons between towns	¿Es más grande tu ciudad? ¿Cuál es más grande? ¿Cuál prefieres? ¿Por qué?
how to make other comparisons	Es más simpática la gente. Bilbao es más grande que Santander. Laredo es más turístico que Santoña y menos típico, claro.

UNIDAD 2

En casa

<table>
<tr>
<td>You will probably want to talk about your family and where you live when you meet or make contact with a Spanish friend. You will also want to find out about his or her family and home.</td>
<td>By the end of this unit you will be able to:
say more about yourself and your family,
describe your house or flat in detail,
ask others where they live and about their family.</td>
</tr>
</table>

 ### Se buscan corresponsales

Cuando buscas un corresponsal, estas frases son útiles:

Se busca corresponsal español.	Spanish penfriend wanted.
Chico alegre y simpático busca amigo de misma edad.	Pleasant, happy boy is looking for a friend of the same age.
Chica desea correspondencia con chico deportivo.	Girl requires a penfriend (male) who is keen on sport.
Busco chico serio para intercambio.	Serious boy wanted for exchange.
Vivo en una granja.	I live on a farm.
Soy algo baja, y delgada. Soy un poco tímida.	I am quite short, and slim. I'm a bit shy.

Mira estos anuncios de una revista española. ¿Hay alguien que te guste?

Which boy or girl would best suit the following friends of yours who would also like a penfriend?
1 a boy who likes the country life
2 a girl who likes going out a lot and who likes dancing
3 a quiet girl who likes to travel
Write a similar advertisement for yourself.

● As part of a class exchange some Spanish boys and girls have sent introductions on tape to an English school in the hope of finding suitable penfriends. Make a note of what they say so that you can decide later whether one of them suits you. Match up the descriptions with the four photographs which were sent with the tape.

● ●
■ **CHICO SIMPÁTICO Y ALEGRE** busca corresponsal chico/chica de misma edad – catorce años. Gustos: salir, montar a caballo.

● ●
■ **CHICA DE 16 AÑOS** vive en casa vieja en Santander, busca corresponsal algo seria e inteligente para intercambio. Gustos: cine, viajar, nadar en mar.

● ●
■ **SE BUSCA CORRESPONSAL INGLÉS** para chica simpática. Vivo en una granja en Santillana del Mar. Tengo quince años y tengo los ojos marrones y pelo largo. Gustos: los animales (gato, perro).

● ●
■ **JUAN RUIZ** de trece años desea correspondencia con chica de 13 a 15 años. Soy muy guapo. Gustos: bailar, salir con amigos, música pop y baloncesto.

Ficha de corresponsal

To obtain a Spanish penfriend with a view to a future exchange, fill in a **ficha** like the one below.

Apellido Alvarez Manresa

Nombre Juan

Dirección Calle del Infante 1, 2º 3ª

Domicilio Laredo

Edad 15

Fecha de nacimiento dos de mayo de 1972

Descripción bastante alto, rubio, mido 1.70, peso 45k.

Gustos tenis, música pop, montar a caballo

Preferencias chico alegre, no fumador, deportivo.

Frases útiles cuando hablas de familias:

Mi hermana mayor vive fuera.	My elder sister lives away from home.
Mi hermano menor tiene su propia habitación.	My younger brother has his own room.
Nuestros tíos tienen dos hijos.	Our uncle and aunt have two children.
¿Cuántos años tienen vuestros primos?	How old are your cousins?
¿Tienes otros parientes?	Have you any other relatives?

¡De verdad!

Anuncio en un periódico:

Granjero: sincero, romántico de 40 años busca compañera simpática con tractor. Por favor, manda foto del tractor.

– ¿Está tu padre?
– Sí señor; está en la pocilga dando de comer a los cerdos. Lo reconoceré en seguida: es el único que lleva sombrero.

Una carta de Miguel

Paul recibe una carta de Miguel y unas fotos de su familia. Él mira primero las fotos y quiere saber más sobre las personas que ve.

Write a reply to Miguel's letter describing yourself and your family.

Santillana 21 de octubre

¡Hola amigo!

Gracias por tu amable carta que recibí esta mañana. Me parece que tu pueblo es mucho más grande que el mío.

Quieres saber algo de mi familia. Bueno, te envío dos fotos: una de mis padres y de mis hermanos menores y mi hermana y otra de nuestros tíos y mi prima Nuria. Tenemos abuelos también, pero no tengo foto de ellos. Tengo dos primos más que se llaman Juan y Paco. Paco

tiene 20 años y Juan tiene 17. Paco trabaja en la granja de nuestro abuelo. Su granja está bastante cerca de la casa a 2 kms. Mis padres trabajan en Santander.

¿Cómo es tu familia? ¿Tienes abuelos y tíos? Nuestros primos viven en Torrelavega y van a mi colegio.

No olvides de hablarme de tu familia y cómo es. También me gustaría saber algo de ti. Mis padres te envían sus mejores saludos.

Un abrazo muy fuerte.

Miguel

mi padre　yo　mis hermanos　mi madre

mi prima　mis tíos

Regalos para la familia

En una tienda de recuerdos la dependienta es muy amable. Tú quieres comprar regalos para toda la familia. Mira los dibujos en la página 23. La dependienta pregunta quiénes son y sugiere regalos para todos. Haced el papel del cliente y del dependiente o de la dependienta.

Ejemplo:

    Cliente – Buenos días. Busco regalos para mi familia.

Dependienta – ¿Cuántos son ustedes?

    Cliente – Somos cinco: mi padre, mi madre, mis dos hermanas y yo.

Dependienta – Pues a su madre . . . un abanico ¿le gustaría?

    Cliente – Sí, le gustaría mucho.

Dependienta – Y a su padre ¿le gustarían unos guantes?

    Cliente – No, creo que no. Le gustaría más un cinturón.

Dependienta – Vale. ¿Tiene usted otros parientes? ¿Abuelos, tíos, primos?

    Cliente – Tengo abuelos.

Dependienta – A sus abuelos, ¿les gustaría turrón?

    Cliente – Sí, gracias.

Quieres comprar más regalos. Esta vez tu corresponsal te ayuda. Tu corresponsal sabe cuántos sois en la familia y te pregunta por tus abuelos, tíos y primos. Lee este diálogo y haz uno semejante con tu pareja. Toma el papel del corresponsal o de su amigo.

Amigo –	Voy a comprar regalos para mi familia.
Corresponsal –	¿Tienes muchos parientes?
Amigo –	Dos abuelas, una tía y cuatro primos.
Corresponsal –	Bueno, a tus abuelas, ¿les gustarían unos guantes?
Amigo –	Creo que sí.
Corresponsal –	Y a tu tía, ¿le gustaría una muñeca?
Amigo –	Sí, le gustaría mucho.
Corresponsal –	Y a tus primos, turrón, ¿verdad?
Amigo –	Sí, muchas gracias.

 ## *La casa*

Cuando quieres hablar de tu casa o de tu piso, estas frases son muy útiles:

Vivo en el tercer piso.	I live on the third floor.	¿Qué hay en tu dormitorio?	What is there in your bedroom?
En la planta baja hay la cocina, el comedor y el salón.	On the ground floor there is the kitchen, the dining room and the lounge.	Hay un armario, una cama, una lámpara y una alfombra.	There is a wardrobe, a bed, a lamp and a rug.
¿Hay garaje?	Is there a garage?	Hay un parque infantil detrás.	There is a children's park behind.
Hay un parking subterráneo.	There is an underground carpark.	¿No hay luz aquí?	Isn't there a light here?
En la cocina hay una lavadora, una nevera y una cocina eléctrica.	In the kitchen there is a washing machine, a fridge and an electric cooker.	Sí, pero no funciona ahora.	Yes, but it doesn't work now.
¿Hay un vídeo? Sí, al lado del sofá.	Is there a video? Yes, beside the sofa.	Yo comparto la habitación con mi hermano.	I share the room with my brother.
Hay un tocadiscos también.	There is a record player too.	Hay dos cuartos de baño y un aseo.	There are two bathrooms and a toilet.

Una carta de Luisa

Luisa escribe una carta a Joanne y envía un plano de
su piso. Mira el plano:

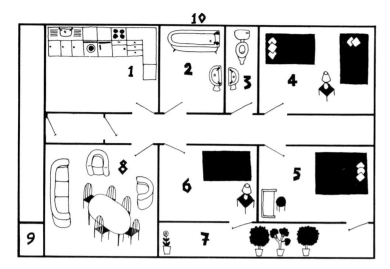

LEYENDA

1. Cocina.
2. Baño.
3. Aseo.
4. Nuestro dormitorio.
5. El dormitorio de mis padres.
6. El dormitorio de mi hermano.
7. Terraza.
8. Salón - comedor.
9. Ascensor.
10. Calle.

Al ver el plano del piso los padres de Joanne quieren
saber cómo es. Hacen muchas preguntas como éstas:

How big is the flat?
Does Luisa have her own bedroom?
What is the bedroom like?

Which floor is the flat on?
Is there anywhere to play outside the flat?
Does she dislike living in a flat for any reason?
What does the family do about parking the car?

Ahora lee la carta de Luisa.

Santander, 5 de octubre

Querida Joanne:

Gracias por tu amable carta. Tú
tienes una hermana mayor. Me dices que
está casada y vive fuera. ¿Tiene hijos?

Como te he dicho, vivo en un piso
en el centro de Santander. Es bastante
grande con tres dormitorios. Eso quiere
decir que tengo que compartir mi
habitación con mi hermana menor. Mis
padres tienen el dormitorio grande
y el otro lo tiene Pepe. Nuestro
dormitorio es bastante grande. Tenemos
todas nuestras cosas allí: una radio,
un tocadiscos y nuestros libros. Mi
hermano tiene más sitio en su habitación.
Tiene dos librerías, un estéreo, y sus discos.

Nuestro piso está en el cuarto piso.
Hay un ascensor, claro, y unas escaleras
por si acaso no funciona el ascensor. No
tenemos jardín, pero hay un parque
infantil detrás del piso y hay una
terraza donde ponemos unas plantas
y el canario. Lo malo es que me
gustan mucho los animales pero no
se permiten en los pisos, pájaros aparte.

Tú vives en una casa, ¿verdad?
¿Está en el centro del pueblo? Dime
cómo es y si te gusta. Supongo que tienes
jardín y garaje también. ¡Qué suerte!
Tenemos nuestro parking subterráneo y
ya está. ¿A ti te gustan los animales?
Dime cómo son tus animales si los tienes.

Bueno, nada más por ahora.
Tu buena amiga   Luisa.

Anuncios

The Spanish family you are staying with is discussing which flats they might be interested in buying. They are looking at advertisements in the local paper. Your penfriend has already told you that they are looking for a three or four-bedroomed flat for not more than 10.000.000 pesetas.

Look carefully at the advertisements below and work out which flats are possibilities. Now listen to the parents discussing the flats and say which seems the most suitable for them to buy.

Which would you buy, given the same price limit?

General Davila
¡Nuevo! 3h dobles, gran salón, comedor, trza magnífica, baño completo, portero electrónico. 9.000.000 T 393 21 73

Sardinero
¡Piso nuevo! 1h doble, cocina completa, cuarto piso, tranquilo y bien decorado. 5.000.000 T 426 34 38

Cuatro Caminos
¡Magnífico piso! 1h amplia, mucho sol, mejor que nuevo, baño aseo, terraza. 5.500.000 T 193 47 18

Valdecilla
¡Especial! chalet, 2h dobles, salón/comedor, jardín y garaje. 10.000.000 T 426 83 24

Sardinero
¡Estupendo! 3h dobles, 2b, buena vista, portero electrónico, décimo piso. 9.500.000 T 321 17 92

Alta Miranda
¡Véalo! Atico 220m², terraza preciosa, 3 baños completos, cocina completa, 5 hab perfectas, vista magnífica a puerto deportivo con 3 piscinas, 3 pistas de tenis, jardines. 22.500.000 T 323 16 91

Alta Miranda
¡Precioso! 4h dobles, 2b, trza, mucha luz y bien conservado. 12.000.000 T 426 31 30

A López
¡Perfecto! amplio salón, comedor, 4h, parking incluido, muy bonito. 11.000.000 T 391 27 93

Se alquilan pisos

You are working for a holiday company specialising in renting holiday flats. Your firm has rented out a flat to a Spanish family who complain about the differences between what should be in the flat and what there actually is.

Make a note of the differences.

Apart from the missing items, do they have anything else to complain about?

Here is the list of furniture (in two languages) that should be in the flat:

Cocina: cocina eléctrica, lavadora, nevera, radio.

Kitchen: electric cooker, washing machine, fridge, radio.

Cuarto de estar: sofá, dos butacas, vídeo, tocadiscos, televisión en color.

Living room: sofa, two armchairs, video, record player, colour T.V.

Dormitorio: cama, armario, alfombra, lámpara.

Bedroom: bed, wardrobe, rug, lamp.

Comedor: mesa, cuatro sillas.

Dining room: table, four chairs.

Terraza: cinco sillas, mesa.

Terrace: five chairs, table.

¿Dónde pongo. . .?

Your family has bought a holiday flat in Spain. On the day you move into the flat you are asked where you want everything to be put. You have made a list of the furniture and have drawn a plan of the flat showing where you want things to go.

The removal man has a list of the furniture to check off, and as each item is unloaded he asks where it must go. Give him directions according to the plan you have made.

Ejemplo:

Hombre – El sofá, ¿dónde pongo su sofá, señora?

Tú – Ponga el sofá en el salón enfrente de la ventana.

Hombre – ¿Y su butaca?

Tú – Nuestra butaca, en el salón también, cerca de la terraza y del dormitorio.

Hombre – ¿Y su lavadora?

Tú – Al lado de la cocina eléctrica, enfrente del fregadero.

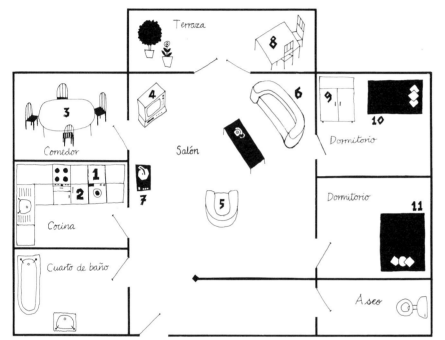

Leyenda

1 Lavadora
2 Nevera
3 Mesa grande/4 sillas
4 Televisión/vídeo
5 Butaca
6 Sofá
7 Tocadiscos
8 Mesa/2 sillas
9 Armario
10 Cama individual
11 Cama de matrimonio

Un sitio para todo y todo en su sitio

Parents often complain about the state of their children's bedrooms. Here are some common complaints:

Here are some comments made by Spanish parents – some praising, some criticising their children.

Look at these ten comments and see:
a whether they match any of those on page 26.
b which comments in Spanish correspond to the bedrooms shown in the pictures below.

No dejan nunca sus libros en el suelo.

Los discos están siempre en su sitio.

Sus libros de colegio están por todos lados.

Hacen sus camas todos los días.

Dejan su ropa en el suelo.

Su dormitorio está siempre en desorden.

La ropa está siempre en el armario.

No saben hacer las camas.

Es muy limpio.

No ponen los libros en la librería.

Make up a list of phrases which would apply to your room so that you can describe it to your penfriend.

Ejemplo:
Es muy limpio. Mis libros de colegio están en la librería.

 Your penfriend's mother is listening to friends talking about their children's rooms. Listen to what they have to say and decide which speaker is closest to describing your room. Could any of the rooms described be those in the pictures above?

Note: una pocilga = a pig sty.

 Now listen to your penfriend's parents complaining to your penfriend and his brother with whom he shares a room. Which reasons or excuses do you find convincing?

En nuestra casa hay . . .

Tus padres trabajan en España y vivís todos allí. Tu hermano y tú encontráis a los hijos de los vecinos. Los hijos quieren saber cómo es vuestra casa y a vosotros igualmente os interesa saber cómo es la suya y lo que contiene.

Ejemplo:

Chicos españoles –	¿Cómo es vuestro salón?
Tú –	Es bastante grande.
Chicos españoles –	Nuestro salón también. ¿Qué hay en vuestro salón?
Tú –	Hay un sofá, dos butacas, una librería, una televisión.
Chicos españoles –	En nuestro salón tenemos también un vídeo y una mesa grande. Pero no hay librería.

Vuestro salón

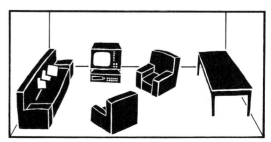

El salón de los vecinos

Ahora compara las casas en general.

Tu amigo español te pregunta cómo es tu piso. Te dice al mismo tiempo cómo es el suyo. Pide a tu pareja que haga el papel de tu amigo español y prepara un diálogo como los de la página 27.

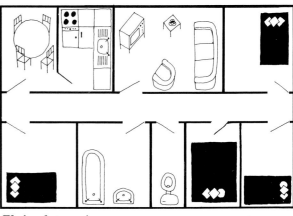

El piso de tu amigo

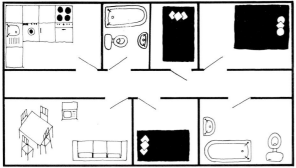

Tu piso

Después, escribe una respuesta en español a la carta de Luisa en la página 24. Dile todo lo que puedes sobre tu casa y tu habitación.

Ahora la prueba . . .

1 Look at the family photograph below and prepare to answer your penfriend's questions about who is who. Your penfriend (partner) asks as many questions as he or she can. Then change roles.

Ejemplo:
¿Es tu tía? No, es mi madre.
¿Son tus abuelos? No, mis tíos.
¿Es tu hermano? Sí.

2 Draw a plan of your house or flat showing the main items of furniture and then draw a blank outline as well. Give the outline to your partner who asks questions in order to find out where everything is. He or she draws in the details (rooms, furniture) and then compares the plan with the original. Then change roles.

3 ☎ Your penfriend's family are thinking about buying a new flat. While they are out, the estate agent rings and leaves a message on the telephone answering machine. You are invited

to listen to the message and asked for your opinion about the two flats described. Make notes so that you can compare them later.
After hearing the message you are asked:
¿Cuál prefieres? ¿Por qué?

4 While in Spain you are looking out for flats which might appeal to some of your neighbours.
Look at these advertisements for **conjuntos residenciales** (housing complexes) and work out which would best suit the following families:
a a quiet, middle-aged couple looking for a reasonably small flat
b a young family looking for a fairly large flat and play area for the children

5 You are going to Spain and your penfriend needs to know what you look like so as to recognise you easily at the airport. Write out a clear description of yourself in Spanish. Hand it to your teacher for it to be read out anonymously. If the class recognises you when it is read out, you have a good chance of being met at the airport! Here are two examples of descriptions for you to model yours on.

> Soy bastante baja y no soy muy delgada. Tengo el pelo moreno, muy largo. Tengo los ojos marrones.

> Soy alto y bastante delgado. Tengo el pelo corto y rubio. Tengo los ojos azules. No soy muy guapo.

Ahora sabes . . .

Now you know . . .

how to say more about yourself and your family	Soy alegre y deportiva. Es tímido. Tengo un hermano menor. Tengo una hermana de la misma edad. Nuestros abuelos viven en Madrid. Busco chica seria para intercambio.
how to ask others about themselves and their family	¿Cuántos primos tienes? ¿Vive fuera tu hermana mayor? ¿Tienes otros parientes? ¿Cómo son tus tíos? ¿Vuestra tía vive cerca?
how to talk about your house and room	Vivo en una granja. Vivo en el segundo piso. Comparto mi habitación con mi hermano. En la cocina hay una lavadora, una nevera y una cocina eléctrica. Hay un vídeo y un tocadiscos en el salón. En mi dormitorio hay una cama, una alfombra, una lámpara y un armario. Tengo una radio y una televisión. En el salón-comedor hay un sofá, dos butacas, una mesa y unas sillas. Hay dos cuartos de baño y aseo.
how to ask others about theirs	¿Tiene garaje su casa? ¿Hay ascensor y balcón? ¿Tiene televisión? ¿Funciona la luz?

UNIDAD 3

La rutina diaria

When you visit your Spanish friend the biggest difference you will notice, apart from food, are likely to involve the daily routine of your Spanish penfriend and family. How does it differ from your own, and why? You might also like to talk about the clothes you wear.

By the end of this unit you will be able to:
describe your own daily routine in Spanish,
find out and understand the routine of other people,
describe the clothes you wear.

 Estás en tu casa

Cuando viene tu corresponsal es importante que se siente muy a gusto en tu casa. Por eso quieres saber lo que hace él o ella en España.

Estas preguntas serán útiles:

¿Te despiertas temprano normalmente?	Do you usually wake up early?
¿A qué hora te levantas?	What time do you get up?
¿Te duchas por la mañana?	Do you have a shower in the morning?
¿Te vistes antes de desayunar?	Do you get dressed before having breakfast?
¿Qué tomas para el desayuno?	What do you have for breakfast?
¿A qué hora sales de casa?	What time do you leave the house?
¿A qué hora empiezan las clases?	What time do lessons begin?
¿Qué haces por la tarde?	What do you do in the evening?
¿Te acuestas a qué hora?	What time do you go to bed?

Tu corresponsal puede contestar:

Me despierto lo más tarde posible.	I wake up as late as possible.
Me levanto a las ocho.	I get up at eight o'clock.
Normalmente me ducho y me lavo el pelo por la tarde.	Normally I have a shower and wash my hair in the evening.
Desayuno primero y luego me lavo los dientes y me visto.	I have breakfast first, then I clean my teeth and get dressed.
Tomo tostadas y café.	I have toast and coffee.
Salgo a las nueve menos cuarto.	I leave at quarter to nine.
Por la tarde descanso.	I have a rest in the evening.

Tu corresponsal quiere saber algo de tu rutina diaria. Pide a tu pareja que haga su papel y que te haga unas preguntas sobre tu rutina. Luego túrnate con él/ella.

Ejemplo:
Tu amigo – ¿Te despiertas temprano?
    Tú – No, me despierto tarde: a las ocho y cuarto.

Tu amigo – ¿Te levantas a qué hora?
    Tú – A las ocho y veinte.
Tu amigo – ¿Te duchas por la mañana?
    Tú – No, me lavo.
Tu amigo – ¿Te vistes antes de desayunar?
    Tú – No, me visto después.

UNIDAD 3

Una carta de Miguel

Paul Andrews has written to his penfriend asking him about his school day. This is the reply he receives. As he opens the letter he thinks about the following:
What differences in routine will there be?

Will the meal times and school times be the same as in Britain?
Will the school day be shorter or longer?
Adapt the letter from Miguel to tell him about one of your typical days.

Santillana 3 de noviembre

Querido Paul:

Gracias por tu amable carta. Lo siento pero no tengo mucho tiempo para escribir cartas y, por eso, no puedo contestar en seguida. En tu carta me pides información sobre lo que hago yo en un día normal. Pues, en realidad, no gran cosa.

Voy a Torrelavega a estudiar. Se encuentra a unos seis kilómetros. Me despierto bastante temprano para no perder el autobús. Las clases empiezan a las nueve. Al llegar juego al fútbol en el patio. Comemos a la una y media. No vuelvo a casa a mediodía. Las clases empiezan otra vez a las cuatro y terminan a las seis y media. Es un día largo, ¿verdad?

Por la tarde, hago mis deberes y me acuesto a las once. ¿Cómo es un día típico para ti? Cuéntamelo en tu próxima carta.

Un abrazo de tu amigo,

Miguel

Un día en la vida de un español de los años ochenta

Lo que sigue forma parte de un artículo de una revista española que habla de la vida diaria de unos españoles de hoy. Aquí tenemos las preguntas del periodista y las respuestas.

Imagina que eres el/la periodista y pide a tu pareja que haga el papel de uno de los personajes. Luego túrnate con él o ella y haz un papel distinto.

¿Cómo se llama usted?
¿Cuál es su profesión?
¿A qué hora se despierta usted?
¿A qué hora se levanta usted?
¿Qué toma usted para desayunar?

Cuando sale de casa ¿adónde va?
¿A qué hora empieza el trabajo?
¿A qué hora vuelve a casa?
¿Qué hace usted normalmente por la tarde?
¿A qué hora se acuesta usted?

	Lola Flores	Sr González	Manuel Aguirre
Me llamo . . .			
Soy . . .	actriz	director	futbolista
Me despierto . . .	a las diez	a las seis	a las nueve
Me levanto . . .	a mediodía	en seguida	a las nueve y media
Tomo . . .	café solo	té con limón	tostadas y leche
Voy . . .	al teatro	a la fábrica	al estadio
Empiezo . . .	a las cuatro	a las siete	a las diez y media
Vuelvo . . .	a las siete	a las tres	a las dos
Por la tarde . . .	trabajo	veo la televisión	voy al cine
Me acuesto . . .	a las dos	a las once	a la una

Entrevistas en la radio 📼

As a follow-up to the magazine article, people were invited to phone in to a local radio station and describe their daily routine. You have been told that the following people were interviewed: **un torero, un camarero, una taxista, un minero** and **un frutero.**

Try to work out who is being interviewed and, at the same time, write down as many details as you can about their routine. Check the details with your partner to get a more complete picture.

¿Cómo pasáis el fin de semana?

La familia española quiere saber qué hacéis los fines de semana. Te hacen muchas preguntas sobre tu rutina. Lee el diálogo y contesta las preguntas abajo según la información en inglés. Pide a tu pareja que haga el papel del padre o de la madre. Luego túrnate con tu pareja.

Ejemplo:
Padre – ¿A qué hora os levantáis normalmente los fines de semana?
Tú – Normalmente nos levantamos a las nueve, nueve y media.
Padre – ¿Dónde tomáis el desayuno?
Tú – En el comedor.
Padre – ¿Qué tomáis?
Tú – Depende. Generalmente tostadas y café con leche.
Padre – ¿Qué hacéis después?
Tú – Nos duchamos y nos vestimos.

Padre – ¿A qué hora salís de casa?
Tú – Salimos a las once.
Padre – ¿Adónde vais?
Tú – Vamos a las tiendas, a la tienda de discos, por ejemplo.

Ahora te toca a ti:
Padre o Madre – ¿A qué hora os levantáis?
Tú – *(ten o'clock)*
Padre o Madre – ¿Dónde tomáis el desayuno?
Tú – *(in the kitchen)*
Padre o Madre – ¿Qué tomáis?
Tú – *(tea and toast)*
Padre o Madre – ¿Qué hacéis después?
Tú – *(have a shower, clean teeth, get dressed)*
Padre o Madre – ¿A qué hora salís de casa?
Tú – *(half past eleven)*
Padre o Madre – ¿Adónde vais?
Tú – *(to the market)*

¡Están locos los ingleses!

Una amiga española te escribe desde Londres donde trabaja como 'au pair'. En su carta se queja de la vida y quiere saber si lo que tiene que hacer es lo normal, y si la rutina inglesa es como le parece a ella. Lee la parte de su carta en que describe su rutina y contesta a sus preguntas.

Ejemplo:
Hay algunos que se despiertan a las seis, pero normalmente la mayoría se despiertan a las siete o a las ocho.

Escribe una carta a tu amiga en que hablas de la rutina diaria de tu familia.

Trabajo en casa de un ingeniero y su mujer que es directora de una compañía en Londres. Están siempre muy ocupados y me toca a mí hacerlo todo en casa y ocuparme de los dos niños. Lo encuentro muy difícil. Los padres se despiertan a las seis y media y piden su desayuno. Luego ¡se duchan, se lavan el pelo... en fin, no terminan! Los niños se levantan más tarde. A veces son muy difíciles; no se lavan los dientes y se visten muy despacio.
A mediodía la madre vuelve a casa a comer.

¡Pero no tengo hambre a las doce! Por la tarde los niños se acuestan a las siete y cenamos a las ocho. Se acuestan los padres a las once. ¡Fíjate! ¡Yo salgo de casa a las once en España! Nos acostamos a la una, a las dos en mi familia!

¿Sois todos iguales aquí en Inglaterra? ¿Me puedes decir si es normal lo que cuento? Te lo digo, me vuelvo loca aquí. Me voy a poner enferma si continúo con esta rutina.

Trabajo en casa

¡Qué contraste!

I have to prepare breakfast.
I have to make the beds.
I have to set the table.
I have to wash the dishes.
I have to go shopping.
. . . I have to do EVERYTHING!

No tengo que preparar el desayuno.
No tengo que hacer las camas.
No tengo que poner la mesa.
No tengo que lavar los platos.
No tengo que ir de compras.
. . . **No** tengo que hacer ¡NADA!

	Julio	María	Pedro
Lunes	hacer las camas	preparar desayuno	ir de compras
Martes			
Miércoles	preparar desayuno	hacer las camas	poner la mesa

Estás en la casa de una familia española. Los padres insisten en que todos hagan algo para ayudar. A veces hay disputas. En la cocina tienen una "agenda" pero está muy sucia y no se ve muy bien. Hoy es martes. Escucha a la familia y rellena la agenda para martes.

¿Te echo una mano?

Quieres ayudar con el trabajo. Pedro se va y dices que quieres hacer lo que hace normalmente Pedro. Lo malo es que un amigo te invita a muchos sitios y tienes que rehusar porque ya tienes tus responsabilidades.

Mira primero lo que tiene que decir María cuando la invitan a ella.

Ejemplo:
– María, ¿quieres ir al café el miércoles a las diez?
– Lo siento, tengo que hacer las camas.

Ahora pide a tu pareja que haga el papel de tu amigo y que te invite a hacer las actividades arriba.

lunes	ir al parque por la mañana
martes	ir al concierto a las diez de la noche
miércoles	charlar con amigos en el bar
jueves	salir a jugar al voleibol
viernes	ir a la playa antes de desayunar

Tú tienes que mencionar lo que tienes que hacer:

lunes	ir de compras
martes	lavar los platos
miércoles	poner la mesa
jueves	hacer las camas
viernes	preparar el desayuno

Luego túrnate con tu pareja.

La vuelta al colegio

Cuando vuelves al colegio en setiembre normalmente piensas en ropa nueva. Si llevas uniforme, pues hay que comprar los colores que son reglamentarios; si no, como en todos los institutos de España, hay que comprar ropa modesta y bastante cómoda.

🔲 Vas a Laínz, unos grandes almacenes en Santander, con una amiga española y sus padres. Te interesa saber lo que ella va a comprar para la vuelta al colegio. Mira la publicidad y escucha la conversación entre los padres y su hija. Tienes que decir primero si hay lo que quieren, y segundo si crees que van a comprarlo.

Estas frases te ayudarán cuando hablas de la ropa en España:

Cuando hace frío llevo mis guantes, un abrigo, una bufanda y mis botas.	When it is cold I wear my gloves, a coat, a scarf and my boots.
Cuando hace calor prefiero llevar vaqueros y una camiseta.	When it is hot I prefer to wear jeans and a T-shirt.
Para ir a la playa me pongo gafas de sol, un traje de baño y sandalias.	To go to the beach I put on sunglasses, a swimsuit and sandals.
Llevo un vestido/traje cuando salgo con mi amigo(a).	I wear a dress/suit when I go out with my friend.
Quiero comprarme unos zapatos de deporte.	I want to buy myself some trainers.
Prefiero los calcetines de lana.	I prefer woollen socks.
Me gustaría comprar una camisa de algodón en las rebajas.	I would like to buy a cotton shirt in the sales.

1 Blusas desde 3.000 pts. Blanco, azul. Algodón.

2 Corbatas desde 1.000 pts. Azul, rojo, verde y marrón. 100% algodón.

3 Faldas varios modelos desde 4.000 pts. Azul marino, negro.

4 Medias 750 pts. Blanco. Nilón.

5 Camisas 2.750 pts. Blanco, azul. Algodón.

6 Jerseys 4.500 pts. Azul, verde, rojo, negro. Lana 100%.

7 Pantalones desde 4.800 pts. Negro, azul, gris. 70% algodón.

8 Zapatos 4.000 pts. Negro, marrón.

9 Calcetines 350 pts. Azul, gris.

Grandes rebajas 📼

Vuelves otro día con la familia de tu corresponsal.
Has hecho una lista de lo que van a comprar. Copia la
lista y apunta los precios de los artículos en las
rebajas. ¿Cuánto dinero van a gastar si compran
todas las cosas en la lista a estos precios rebajados?

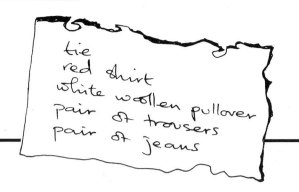

tie
red shirt
white woollen pullover
pair of trousers
pair of jeans

Una carta de Luisa

En el colegio de Joanne los alumnos hablan mucho de
la ropa en general y del uniforme de colegio. La
profesora quiere saber lo que pasa en España y pone
las preguntas abajo. Joanne ha escrito a Luisa y ha
recibido la siguiente respuesta. ¿Qué puede decir
ahora Joanne a su profesora acerca de la ropa en
España?

Primero las preguntas de la profesora:

Does school uniform exist in Spain?
Does Luisa have to wear school uniform?
What does she normally wear for school?
What does she wear at weekends?
Who buys Luisa's clothes, Luisa or her parents?

Santander, 10 de noviembre

Querida amiga:

Gracias por tu carta que acabo de recibir. Estoy muy
contenta hoy porque me he comprado un vestido nuevo para
una fiesta. Mis padres me compran la ropa de todos los días
y yo compro lo que quiero con mi dinero.

¿Tienes que llevar uniforme para ir a tu colegio?
Aquí sólo los que van a colegios privados suelen llevarlo.
Nosotros llevamos lo que queremos. Yo me pongo vaqueros,
una camiseta y un jersey.

Los fines de semana me pongo un vestido o una
falda, pero solamente si voy a un sitio especial. Francamente,
estoy más a gusto en jersey y vaqueros.

Dime lo que llevas para ir al colegio. ¿Qué ropa te gusta más
llevar?
Muchos besos:

Luisa

Write a letter in reply to Luisa's, answering all the
questions which are relevant to you.

Ahora la prueba . . .

1 Your penfriend's mother is most concerned about your eating habits and your early nights. Answer her questions by explaining your routine at home.

Para el desayuno ¿qué comes en Inglaterra?
¿Bebes café o té?
¿No tienes hambre por la mañana?
¿A qué hora comes en el colegio?
¿Comes al mismo tiempo en casa?
¿Comes más a mediodía que por la tarde?
¿A qué hora cenas?
¿Qué haces por la tarde?
¿Sales mucho?
¿A qué hora te acuestas normalmente?

2 Your Spanish friend is expected to do a lot of work around the house. As you are a guest you offer to help him. He describes what he has to do and when. Listen carefully to what he says and make a note of the jobs and the times so that you will be able to help him as much as possible.

3 Look at the newspaper advertisements for two department stores and decide which you would go to, to buy the following items at bargain prices:

a a blouse
b a coat for a child
c a pair of men's trousers
d a woman's skirt under 2.000 pesetas
e an inexpensive lady's jacket
f a skirt for a child
g a pair of ladies' trousers
h a blouse for a child
i a jumper for a child

4 You go to a school that has no rules at all about school uniform. Write to your penfriend describing the clothes you wear, and saying whether you like them or not.

GRAN LIQUIDACION

POR FIN DE TEMPORADA

CON LA CALIDAD QUE SIEMPRE OFRECEMOS

ABRIGOS HOMBRE desde........	**9.990**
PANTALONES HOMBRE desde....	**1.990**
FALDAS MUJER desde.........	**1.990**
VESTIDOS MUJER desde	**2.990**
CHAQUETAS MUJER desde.......	**1.990**
ANORAK NIÑO desde	**990**
SUETER NIÑO desde.............	**590**

PRECIOS EXCEPCIONALES EN TODAS LAS SECCIONES

Celso Garcia

sears GRANDES REBAJAS

HASTA UN **50%**

EJEMPLOS ...AJAS EN MODA

PARA SEÑORAS

	Precio normal	PRECIO SEARS
Camisas	3.495	**2.199**
Faldas	6.995	**4.499**
Blaziers	13.495	**9.999**
Chaquetón, piel sintética	17.995	**12.999**
Gabardinas	10.795	**7.999**

PARA SEÑORAS

	Precio normal	PRECIO SEARS
Vestidos punto	7.400	**4.999**
Monos	3.995	**2.499**
Cisnes punto	1.795	**899**
Pantalones pana	2.495	**999**
Pantalón y blusón pre-mamá	4.495	**2.999**
Vestidos	8.995	**5.999**

PARA JOVENCITAS

	Precio normal	PRECIO SEARS
Camisas	2.195	**1.199**
Faldas	3.295	**2.199**
Pantalones	2.495	**1.599**
Abrigos	9.995	**6.999**

Satisfacción garantizada o devolvemos su dinero.

Utilice las facilidades de Crédito. Sears

Ahora sabes . . .

Now you know . . .

how to say more about your daily routine and that of your family	Me levanto temprano. Para el desayuno no tomo nada. Nos duchamos por la mañana. Mi hermano se viste y luego se lava. Me lavo el pelo y los dientes. Termina a las seis. Mi padre descansa delante de la televisión.
how to ask other people about their routine	¿Cómo es tu rutina diaria? ¿Te despiertas tarde? ¿A qué hora empiezan las clases? ¿Haces los deberes todos los días? ¿Se acuestan ustedes tarde? ¿Dónde comes?
how to talk about what you do to help around the house	Lavo los platos. Tengo que hacer las camas. Mi hermana pone la mesa y prepara el desayuno. ¿Tienes que ir de compras como yo?
how to describe your clothes	Me pongo guantes, una bufanda y botas en invierno. Prefiero llevar vaqueros, una camiseta y sandalias. Tengo que llevar uniforme: una falda azul, una blusa y un jersey. Cuando salgo me gusta ponerme un vestido/traje. Mi madre me compra un pantalón, calcetines y camisas. Llevo un traje de baño/bikini y gafas de sol cuando voy a la playa.
how to understand details about clothes	Grandes rebajas en la sección de ropa. Son de nilón. Algodón 100%. Un jersey de lana.
how to ask other people about their clothes	¿Tienes que llevar una corbata? ¿Te gustan las medias? ¿Qué piensas del uniforme?

UNIDAD 4

En el instituto

School is something you definitely have in common with your penfriend. It is one of the things you will want to talk about (if only to complain about it!). When you are on an exchange visit you will be interested in finding out about the Spanish school system, just as your penfriend will be keen to find out about yours.

By the end of this unit you will be able to:
describe your school,
talk about your life at school, the subjects you take, which you like and dislike, and why,
describe your school routine,
ask about your penfriend's school and school life.

 El horario

As part of a class exchange Luisa has sent a timetable to her penfriend along with a tape explaining the timetable in more detail. Before listening to the tape, you look carefully at the timetable hoping to find the following information:

1 How many hours of lessons are there each day?
2 How long do the lessons usually last?
3 How long is the break for lunch?
4 Which subjects do you recognise?
5 Are there any subjects on your timetable that are not on Luisa's? If so, which?

	LUNES	MARTES	MIÉRCOLES	JUEVES	VIERNES
9–10.00	MATEMÁTICAS	GIMNASIA	GEOGRAFÍA	LENGUA ESPAÑOLA	INGLÉS
10–11.00	LENGUA ESPAÑOLA	BIOLOGÍA	INGLÉS	MÚSICA	DEPORTE
11–11.30			RECREO		
11.30–12.30	FÍSICA	LENGUA ESPAÑOLA	MATEMÁTICAS	GIMNASIA	GEOGRAFÍA
12.30–1.30	GEOGRAFÍA	MÚSICA	BIOLOGÍA	FÍSICA	DIBUJO
1.30–4.00			COMIDA		
4–5.00	RELIGIÓN	GEOGRAFÍA	FÍSICA	MATEMÁTICAS	RELIGIÓN
5–6.00	INGLÉS	MATEMÁTICAS	DIBUJO	COCINA	LENGUA ESPAÑOLA

📼 Listen to the tape to find out more about Luisa's timetable and school routine.
How does she spend break and lunchtime?
Which is her favourite day? Why?
What sporting activities are there?

¿Qué voy a estudiar?

Vas a visitar el instituto de tu corresponsal. Quieres saber lo que vas a estudiar. Tu amigo tiene el horario de la página 38 y te dice las asignaturas y las horas. Escribe las horas y las asignaturas. Túrnate con tu pareja para describir otro día.

Ejemplo:
El lunes

Tú – ¿A qué hora empiezas?
Tu pareja – Empiezo a las nueve.
Tú – ¿Qué asignatura es?
Tu pareja – Matemáticas. Y luego a las diez, lengua española.
Tú – ¿A qué hora tienes recreo?

Tu horario ideal

Imagina que vas a este instituto y puedes decidir qué clases vas a visitar. Escribe un horario ideal utilizando las mismas horas de clase. No puedes estudiar una asignatura más de dos horas. Compáralo con lo de tu pareja. ¿Son similares?

Ejemplo:

Tú – ¿Qué vas a estudiar tú?
Tu pareja – Primero deporte dos horas.
Tú – Yo voy a estudiar informática una hora y luego inglés.
Tu pareja – ¿Qué vas a estudiar después?

¿Qué piensas tú?

Aquí están unas frases que te ayudarán más a expresar los gustos y opiniones:

Prefiero los deportes.	I prefer sport.
Detesto la geografía.	I detest geography.
No me gusta nada la historia.	I don't like history at all.
¿Qué te parece el alemán?	What do you think about German?
Es difícil pero interesante.	It is difficult but interesting.
¿Es útil la informática?	Is information technology useful?
Sí, y es muy fácil.	Yes, and it is very easy.
¿Es más aburrida la física?	Is physics more boring?
Sí, más que la química.	Yes, more than chemistry.
¿Cuál te gusta más, el inglés o el francés?	Which do you prefer, English or French?
Me gusta más el inglés.	I prefer English.
¿Eres trabajador(a) o perezoso(a)?	Are you hardworking or lazy?

 ¿Estás de acuerdo? 📼

Hablas con unas chicas en el instituto. Te dicen lo que estudian y lo que piensan de las asignaturas.

Haz una lista de sus asignaturas y si les gustan o no. ¡A ver si tienes la misma opinión que ellas!

Ejemplo:
– Estoy de acuerdo con Marisol. La física me gusta mucho.
– No estoy de acuerdo con Paca. Detesto la cocina.

Aquí tienes unas palabras y frases más que te ayudarán a hablar de las asignaturas y entender lo que se escribe en una evaluación.

Soy fuerte en ciencias.	I'm good at science.
¿Eres fuerte en lenguas?	Are you good at languages?
Voy a sacar un notable en historia.	I'm going to get a 'very good' in history.
Sobresaliente	Excellent
Notable	Very good
Bien	Good
Suficiente	Satisfactory
Insuficiente	Poor
Muy deficiente	Very poor
. . . debe mejorar su rendimiento en . . .	. . . must improve his performance in . . .
. . . tiene condiciones para obtener mejores resultados.	. . . could do better.

 Una carta de tu corresponsal

Paul Andrews ha recibido una carta de su corresponsal Miguel en que describe su vida de colegio. Miguel ha enviado también una copia de su primera evaluación. Compara lo que dice en su carta con lo que se dice en su evaluación. ¿Está de acuerdo Miguel con todo lo que hay en la evaluación?

Your teacher will give you a blank copy of the **evaluación**. Write a reply to Miguel's letter and fill in the blank **evaluación** in pencil. Then show it to your partner to see whether he or she agrees. Discuss your report in Spanish.

Ejemplo:
Tú – Soy fuerte en historia, ¿verdad?
Tu pareja – Sí, bastante.
Tú – Voy a sacar un notable.
Tu pareja – Vale.
Tú – No soy fuerte en matemáticas.
Tu pareja – No, no eres fuerte.
Tú – Voy a sacar un insuficiente.
Tu pareja – Yo creo que vas a sacar un muy deficiente.

After discussing your report, make any changes to the comments you made for each subject and now work on your partner's **evaluación**. When you are both satisfied with the reports you have given yourselves, write the comments in pen.

MATERIAS	1.ª Evaluación		
	Conoc.	Act.	A. Global
Matemáticas	I	D	
Física y Química	I	D	
Lengua Española	SB	A	
Inglés	N	B	
Geografía	SF	C	
Religión	BN	C	
Dibujo	BN	B	
Educación física	N	C	
Latín	SF	D	

Cartilla de Evaluación Progresiva

ALUMNO

PUENTE (primer apellido)   VILLAR (segundo apellido)   MIGUEL (nombre)

Domicilio c/ Cantón 24   Teléfono 37 · 21 · 42

Observaciones
y materias
de recuperación

El alumno Puente debe mejorar su rendimiento en las asignaturas de Matemáticas y Física y Química y debe estudiar más en Geografía y Latín. El alumno tiene condiciones para obtener mejores resultados pero debe trabajar más por ello.

TABLA DE EQUIVALENCIAS

CALIFICACIÓN		ACTITUD	
SB	Sobresaliente	A	Muy buena
N	Notable	B	Buena
BN	Bien	C	Normal
SF	Suficiente	D	Pasiva
I	Insuficiente	E	Negativa
MD	Muy deficiente		

Santillana, 13 de noviembre

Querido Paul:

Gracias por tu amable carta. Espero que estés bien. Yo no estoy muy contento ahora porque a mis padres no les gusta mi primera evaluación. Mis profesores dicen que no trabajo bastante y mis padres dicen que tengo que hacer más deberes. Yo creo que trabajo bastante pero también me gusta hacer otras cosas por la tarde. ¿Trabajas mucho en el colegio? ¿Te gusta?

Ves que soy fuerte en lenguas pero detesto las ciencias. Encuentro difíciles las matemáticas y el profesor es un poco aburrido. Me gusta la geografía pero no saco muy buenas notas. El dibujo es fácil y trabajo muy bien en clase pero mi profesor sólo me ha dado 'Bien'. No

entiendo por qué.

¿Cuáles asignaturas te gustan? ¿Eres fuerte en lenguas como yo? Te envío una evaluación. A ver si me dices cómo eres tú en todas las asignaturas.

¿Cómo son tus profesores? Los míos son bastante simpáticos y muy estrictos. Hay profesores antipáticos pero muy pocos. Te castigan por nada.

Bueno, cuéntame cómo son tus estudios.

Recuerdos a tu familia
Un abrazo

Miguel

¿Cuál prefieres? 📼

En el colegio de tu corresponsal puedes ir a las clases que te interesan. Después del recreo hay cuatro clases distintas: mecanografía, física, dibujo y educación física.

Escucha a tus amigos en el patio y decide. Toma notas de las asignaturas y de las opiniones de la clase. ¿Cuál prefieres? ¿Por qué?

Una visita al instituto

Vas a visitar el instituto de tu corresponsal con tus amigos. Han preparado un plano del instituto y una información bastante breve.

Mira primero el plano. ¿Qué diferencias hay entre tu colegio y éste?

aula	classroom
cantina	canteen
patio	playground
director	headmaster
gimnasio	gymnasium
pasillos	corridors
vestuarios	changing rooms

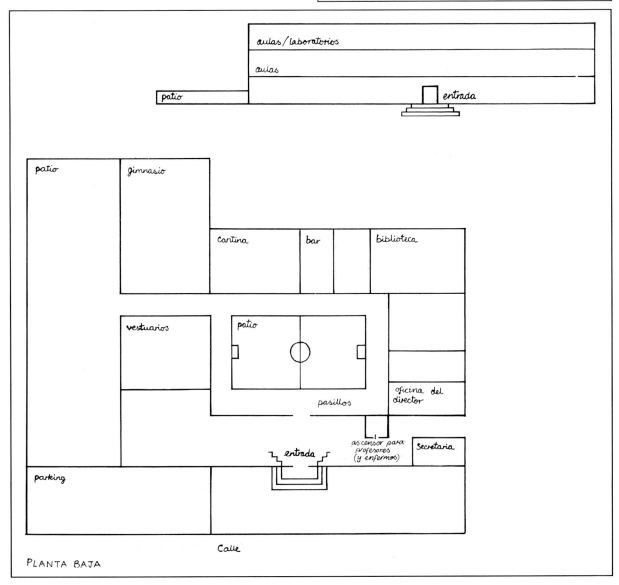

Y ahora lee lo que se ha escrito sobre el instituto.

En el instituto hay mil alumnos y noventa profesores.
Los alumnos tienen entre 14 y 19 años. Las clases
empiezan a las nueve y duran una hora. Hay recreo a
las once y la comida a la una y media. Por la tarde hay
clases de 4 a 6. Para los mayores que trabajan fuera
hay el bachillerato nocturno. Para ellos hay clases de
6–11. Las clases duran 45 minutos y no hay recreo –
sólo cinco minutos entre las clases. Los mayores que
viven fuera pueden estudiar el bachillerato a distancia.
Es decir, vienen de vez en cuando al instituto pero
normalmente estudian en casa.

En la planta baja hay el patio, el gimnasio, la
biblioteca, las oficinas y el bar. Los alumnos vienen al
bar durante el recreo. En el primer piso hay muchas
aulas y oficinas de los departamentos diferentes –
lenguas, sociales, ciencias etcétera. En el segundo hay
también aulas y laboratorios.

Hay normalmente más de 30 alumnos en cada clase.
No se permite fumar en las aulas pero en los pasillos sí
se puede.

Write a similar introduction to your school for a
Spanish visitor.

Más tarde durante la visita quieres ir a varios sitios sin
guía. Preguntas a una alumna que está en la entrada.

Ejemplo:

Tú – ¿Por dónde se va al gimnasio, por favor?
Alumna – Tuerce a la izquierda, luego a la derecha y
está al final del pasillo a mano izquierda.

Pide a tu pareja que haga el papel del alumno y hazle
preguntas para ir a todos los sitios en esta planta.
Luego túrnate con tu pareja.

¿Cómo es tu colegio?

Haz una comparación entre tu colegio y el de unos
amigos españoles. Túrnate con tu pareja para hacer
un diálogo con uno de los amigos. Aquí la
información sobre los dos colegios.

Spanish school	English school
600 pupils 38 teachers swimming pool gymnasium near the town	1,000 pupils 60 teachers sports centre gymnasium far from the town

Ejemplo:

Inglés – ¿Cuántos alumnos hay en vuestro
colegio?
Español – En nuestro colegio . . . seiscientos
alumnos. ¿Y en vuestro colegio?
Inglés – Hay mil alumnos y sesenta profesores.

Ahora compara estos colegios con otro abajo que has
visitado en España con otros amigos. Toma los
mismos papeles que antes.

Ejemplo:

Inglés – Nuestro colegio tiene mil alumnos pero su
colegio tiene mil quinientos.
Español – Y ciento diez profesores. Nuestro colegio
sólo tiene treinta y ocho.

1,500 pupils 110 teachers sports centre swimming pool gymnasium near the town centre

UNIDAD 4

Ahora la prueba . . .

1 In a Spanish lesson you are asked about the subjects you study at school. Answer the questions that were put to you:

¿Qué asignaturas estudias?
¿Cuáles te gustan más? ¿Por qué?
¿Prefieres las ciencias o las sociales?
¿Son fáciles las lenguas?
¿Te gusta la educación física?
¿Qué deportes se practican? ¿Cuál prefieres tú?
¿Eres fuerte en inglés?

2 🖳 As part of a class exchange you listen to a tape of some Spanish pupils describing the subjects they like or dislike. You have noted down the likes and dislikes of some pupils in another class in your school. Now try to match each one to a Spanish pupil.

a Andrew likes science, technical and practical subjects. Dislikes art and languages.
b Richard likes history and geography, music and cookery. Dislikes maths and physics.
c Paula likes commercial subjects. Dislikes English.
d Joanne likes art and biology. Dislikes French and geography.

There are five Spanish pupils looking for partners and only four English pupils. Listen to the tape again and decide what sort of person would be a good match for the fifth.

3 Write an article for a Spanish school magazine about your school. The following details should be included:
a where it is
b what it is like
c numbers of staff and pupils
d what facilities it has
e which subjects you can study

4 A group of Spanish visitors is coming to your school and you have been asked to prepare some questions to put to one of them. You want to find out the following:
a which subjects he or she studies
b how many lessons there are per day, and when they begin and end
c which subjects he or she likes or dislikes
d which subjects, or sports, he or she is good at
e what the school is like

Ahora sabes . . .

Now you know . . .

how to give the names of the subjects you study	Estudio lengua, matemáticas, arte, inglés, música, ciencias y alemán.
how to express likes and dislikes and give reasons	Me gusta la historia pero no me gustan los trabajos manuales. Prefiero el francés y la cocina. Me gusta más la biología porque es interesante. Es aburrido el dibujo y detesto la mecanografía – es aburrido.
how to find out about other people's studies	¿Qué asignaturas estudias? ¿Cuál te gusta más? ¿Qué te parece la educación física? ¿Te gusta la religión? ¿Y el latín? ¿Son difíciles los deportes? ¿Prefieres la física o la informática? ¿Eres fuerte en sociales o comercio? ¿Por qué te gusta la química? ¿Es útil? ¿Es fácil?
how to describe your school	Hay mil alumnos. Los profesores son simpáticos pero bastante estrictos. En la planta baja hay la biblioteca, la oficina, la cantina, la cocina, el gimnasio, la oficina del director y los laboratorios. Las aulas están en el primer piso.
how to ask about other people's schools	¿Cuántos profesores hay? ¿Cuántos años tienen los alumnos? ¿Cómo son los profesores? ¿Qué deportes se practican? ¿Cuánto tiempo duran las clases? ¿Y el recreo?

¡Información, por favor!

When you are planning to visit a place for the first time, it is a very good idea to get as much information about it as you can in advance. You can then decide how to make the most of your stay.

By the end of this unit you will be able to:
obtain information by writing to the tourist office,
write to hotels and guest houses requesting information,
book the accommodation you want,
understand information in leaflets and brochures.

Quisiera, por favor . . .

Cuando vas de vacaciones es muy divertido hacer proyectos de antemano. Por lo tanto es útil tener información sobre la región o la ciudad que piensas visitar. Desde luego, puedes consultar las varias guías, pero también, lo que es aún mejor, puedes escribir a la oficina de turismo para pedirles información.

Se puede pedir folletos en cualquier oficina de turismo.

Which of these would you need to be able to:
find out what accommodation is available?
check the exact location of a campsite?
find out about the main tourist attractions?
plan some trips to other places of interest?

What information will you get from the other leaflets?

HOTELES, CAMPINGS, APARTAMENTOS
España 1986

PLANO DE SANTIAGO DE COMPOSTELA

Peregrinar por Cantabria
Santander
5
POR LA COSTA ORIENTAL
de Laredo a Castro Urdiales

FERROL
españa
DATOS INFORMATIVOS

LA CORUÑA
españa
DATOS INFORMATIVOS

LOS OTROS CAMINOS DE SANTIAGO EN LA PROVINCIA DE LUGO

Claustro del Convento de San Francisco
(Museo Provincial de Lugo)

Manifestaciones Turísticas de Cantabria
1982 y 1983
JEFATURA P. DE TURISMO
SANTANDER

 Le ruego me envíe . . .

> Oficina de Información y Turismo
> Rúa de Villar, 43
> Santiago de Compostela
> España
>
> Newport, 2 de abril, de 1988
>
> Muy señor mío:
> Voy a pasar quince días en Santiago en el mes de julio.
> Le ruego me envíe información sobre la ciudad.
> Quisiera un folleto de datos informativos y una lista
> de hoteles.
> Le saluda atentamente,
>
> Joanne Palmer

Here is Joanne's letter to the tourist office in Santiago. Why did she write to them? What did she ask for?

What differences are there between the way this letter is set out and the way you would set out a similar letter in English?

 ¡Es muy fácil!

¿Cuál de estas vacaciones te gusta?

¿cuánto tiempo?	¿cuándo?	¿dónde?	¿qué necesitas?
unos días	mayo	Santander	plano / hoteles
un mes	agosto	Las Rías Gallegas	datos informativos / campings
quince días	junio	Lugo	excursiones / plano
cinco días	setiembre	Orense	folleto / hoteles
tres semanas	julio	La Costa Verde	folleto / campings

Escoge una y luego escribe a la oficina de turismo pidiendo la información que necesitas. Aquí tienes las direcciones de las varias oficinas.

Santander: Plaza Porticada, 1
Pontevedra: General Mola, 1 *(información sobre las Rías Gallegas)*
Lugo: Plaza de España, 27
Orense: Curros Enríquez, 1
Gijón: Marqués de San Esteban, 1 *(información sobre la Costa Verde)*

 Le agradecemos el interés que muestra

Do you think Joanne was pleased with the reply she received? Why?

> Xunta de Galicia
> Oficina de Turismo
> Rúa del Villar, 43
> Santiago de Compostela
>
> 19 de abril de 1988
>
> Estimada Señorita:
>
> Le agradecemos el interés que muestra por esta bonita ciudad, y nos es grato enviar información sobre Santiago y la región de Galicia, así como una lista de hoteles y un folleto de datos informativos, que esperamos puedan serle útiles.
>
> Con nuestros atentos saludos.

Un folleto sobre Santiago

En uno de los folletos que recibes de la oficina de turismo hay la siguiente información.

A tus padres les gustaría también saber algo de la ciudad, y ahora puedes contestar a sus preguntas:

Where exactly is Santiago?
Is it a modern town?
What type of activities have made it famous?
Is Santiago difficult to get to?
Will it be difficult to find accommodation?
What is there to eat?
What sort of things will you be able to do there?
Are there any fiestas?
Will we be able to go on any trips?

SANTIAGO

Situada en el noroeste de España está la antigua y hermosa ciudad de **Santiago de Compostela.** Gran centro religioso, artístico, histórico y cultural, Santiago es una ciudad que parece dormir entre las montañas del corazón de Galicia.

Santiago no es simplemente una ciudad con monumentos, el monumento es la cuidad misma, y su gloria es la catedral en la que se encuentra el sepulcro del Apóstol Santiago, santo patrón de España.

Comunicaciones: Por su situación, Santiago es centro de comunicaciones por carretera de Galicia. Tiene también estación de ferrocarril, de autobuses y aeropuerto de primera categoría. Hay trenes todos los días a Madrid, La Coruña, Pontevedra, Vigo, Bilbao y San Sebastián y a Portugal por Vigo.

Capacidad Hotelera: Santiago tiene ocho hoteles, con capacidad para 1.402 personas, y 39 hostales con 2.767 plazas. Hay dos campings de 1ª y 2ª categorías, con capacidad para 650 personas.

Cocina: ¡Maravillosa! Como Santiago está muy cerca del mar se come mucho pescado y marisco. Son muy buenos la tarta compostelana,

especialidad de la ciudad, y los varios quesos de la región. En Santiago hay muchos restaurantes buenos, y también muchos bares, cafeterías y pubs. Las tapas son excelentes.

Deportes y Espectáculos: Existen en Santiago varios clubs y sociedades deportivas. Se puede jugar al golf, al baloncesto, al fútbol y al tenis. Hay un club ciclista y una piscina climatizada. La pesca es muy popular. Hay unas diez discotecas, cuatro cines y dos teatros, varios museos y salas de exposiciones.

Fiestas: La más importante es la Fiesta del Apóstol Santiago que se celebra el 25 de julio.

Excursiones: Las Agencias de Viaje de Santiago organizan en los meses de julio, agosto y setiembre excursiones de un día de duración a las Rías Bajas, a las Rías Altas y a la Costa de la Muerte – Finisterre – en autocar y acompañadas por un guía oficial.

Informes sobre horarios y precios: en las agencias o en la OFICINA DE TURISMO.

¿Me puede decir . . .?

With your knowledge of Spanish you could work in a tourist office, perhaps even in Santiago! Tourist offices help Spanish people as well as foreigners. If you received phone calls requesting the following information, you should be able to help.

Now listen to some actual phone calls received by the tourist office. In each case, can you say why the caller is telephoning? What questions are asked?

Listen again to the telephone conversations. Do you learn any new information about Santiago?

Oiga, ¿me puede decir si Santiago tiene aeropuerto?

¿Me puede decir cuándo se celebra la fiesta de Santiago?

Pensamos pasar nuestras vacaciones en Santiago en agosto. ¿Me puede decir si hay un camping en la ciudad o cerca?

Vamos a pasar quince días en Santiago en julio. ¿Me puede decir qué excursiones hay?

Dice mi hijo que Santiago es una ciudad muy aburrida. ¿Me puede decir qué hay para la gente joven?

¿Me puede decir cuáles son las facilidades deportivas que ofrece la ciudad?

¿Me puede decir cómo se llama la especialidad de la ciudad? Sé que es muy famosa, pero ya no me acuerdo de su nombre.

Vengo a Santiago la semana que viene. ¿Me puede decir si hay trenes desde allí a Bilbao?

¡Más información, por favor!

Look at Paul's letter below.
Is this the first letter Paul has written to the tourist office?

How do you know?
Why has he written?
What specifically does he want to know?

Halifax, 28 de junio de 1988

Estimado Señor:

Gracias por su amable carta del 16 de este mes y por la información que me mandó. Quisiera más información sobre las facilidades deportivas de la ciudad. Me gustan mucho los deportes y quisiera saber si hay pistas de tenis.

¿Me puede decir también si es posible alquilar barcos en el río y si se puede montar a caballo en algún sitio cerca de la ciudad?

Esperando su pronta contestación, le saluda atentamente,

Paul Andrews.

Las frases más útiles

Look at the letters on pages 48 and 50. Make a list of all the phrases which you think will be useful when *you* write to the tourist office for leaflets or information.

You could start your list like this:

Muy señor mío:	Dear Sir,
Le ruego me envíe . . .	Please send me . . .
Quisiera . . .	I would like . . .

When you have made your list, write a letter to one of the following tourist offices: Lugo, Santander or Orense. You have written before, but you would like more information. You want to know if there is a swimming pool, if it is possible to hire a bicycle, and if one can play golf anywhere nearby. You would like them to send you a list of hotels. See how many of the phrases on your list you can use.

Quisiera saber . . .

Los fines de semana trabajas en un hotel cerca de donde vives. A veces el hotel recibe cartas de gente española que ya saben algo del hotel y piden más información. El director del hotel sabe que tú estudias el español y siempre pide tu ayuda. Explícale, en inglés, qué quiere saber esta gente.

Quisiera saber si hay que pagar un suplemento para una habitación con terraza.

Mi hermano sólo tiene seis años. ¿Hay algún descuento para niños?

¿Tienen habitaciones familiares?

¿Me puede decir si se admiten animales?

Les ruego me manden una tarifa de precios.

Venimos en coche. ¿Tienen ustedes garaje o aparcamiento?

Mis abuelos son muy viejos. ¿Es posible reservar una habitación en la planta baja, o tiene el hotel ascensor?

¿Cuánto le mando como depósito?

¿Qué facilidades tiene su hotel para niños muy pequeños?

¿Me puede decir si la piscina está climatizada?

¿Hay autobuses del aeropuerto que pasan cerca de su hotel?

Tengo un folleto sobre su hotel que me mandó la Oficina de Turismo. Quisiera saber si hay habitaciones sencillas en el hotel. No lo pone en el folleto.

Los hoteles

La oficina de turismo te manda una lista de hoteles, y te manda también folletos sobre varios hoteles. Es muy difícil escoger un hotel. Todos parecen muy cómodos. Hay que mirar cuidadosamente los detalles antes de decidirte.

Te gusta uno de estos hoteles, pero antes de decidirte finalmente, quieres más información.

Escribe al hotel que te gusta y pide la información que te falte.

HOTEL REGENTE ★ ★ ★

Situación: Paseo Marítimo a 2 kms del centro y 9 kms del aeropuerto.

Habitaciones: Todas con baño completo; terraza; TV color; teléfono; vista directa al mar.

Complementos: 3 ascensores; piscina climatizada a 23°; restaurante; zona de juegos para niños; solarium; amplios salones y barbacoa; tenis a 250 metros, golf a 4 kms.

HOTEL DE LA RECONQUISTA ★ ★ ★

Situación: Céntrica. Zona tranquila y residencial. A escasos minutos de los grandes centros comerciales y oficiales.

Habitaciones: Todas con vistas panorámicas de la ciudad; baño completo; teléfono; calefacción central y terraza.

Complementos: Dispone de salón social; dos piscinas (una para niños); bar; restaurante; peluquería; salón de juegos; salón TV (color); jardín; parking; facilidad en la zona para deportes náuticos, tenis, mini-golf, etc.

HOTEL PARQUE ★ ★ ★

Situación: Zona tranquila a 10 minutos del centro. Rodeado por más de 5000 metros de jardines y terrazas.

Habitaciones: El hotel consta de 103 habitaciones sencillas y dobles; todas ellas con baño completo, balcón, aire acondicionado y teléfono directo automático.

Complementos: Entre sus servicios destacan el Restaurante donde degustar los exquisitos platos de la cocina española; bares; salones para banquetes; salón de juegos (TV, naipes, ajedrez, dominó); peluquería y garaje subterráneo.

HOTEL MIRADOR ★ ★ ★

Situación: Se encuentra situado en el centro de la ciudad y a corta distancia del aeropuerto, la estación de ferrocarril y la estación de autobuses.

Habitaciones: 150 sencillas y dobles, todas con baño completo, teléfono, minibar, calefacción central y música ambiental. Unas con terraza y vista al mar, las otras con terraza y vistas a la ciudad.

Complementos: Salón TV (color); restaurante; dos piscinas exteriores y otra cubierta; mesa de ping-pong; parque infantil; sauna finlandesa y jacuzzi. Aparcamiento propio.

Prefiero éste

Viajas por España con un amigo español o una amiga española y tenéis que decidir dónde vais a alojaros. Decidís comparar los puntos a favor y en contra de cada hotel. Trabaja con tu pareja a ver cuántos podéis encontrar.

Ejemplo:

Tú – El Hotel Parque. Lo bueno es que tiene aire acondicionado.

Tu amigo(a) – Sí, de acuerdo, pero lo malo es que no tiene piscina.

Más . . . y menos

Éstas son dos habitaciones de dos hoteles distintos.
¿Cuáles son las diferencias entre los dos hoteles?
Trabaja con tu pareja a ver cuántas diferencias podéis
encontrar.

Ejemplo:

Tú – ¿Cuál es el hotel más moderno?

Tu pareja – Creo que el hotel Costa Verde es más
moderno.

Tú – ¿Cuál es el hotel menos elegante?

Tu pareja – Sin duda, el hotel Santiago es menos
elegante.

¿Podéis utilizar todas estas palabras?

> cómodo, caro, grande, lujoso, antiguo, hermoso,
> limpio, feo, barato, pequeño, incómodo,
> agradable, sucio, ruidoso.

53

Cómo se hace una reserva

Cuando hayas escogido un hotel, tendrás que escribir
si quieres hacer una reservación. ¿Qué es lo que tienes
que escribirles?

```
El Gerente
Hotel Mirador
Paseo de Ronda s/n
La Coruña
SPAIN
```

```
Hotel Mirador
Paseo de Ronda s/n
La Coruña


                            Newport, 26 de abril de 1988



Muy señor mío:

Tengo intención de estar en La Coruña a
principios de julio.  ¿Me puede decir si
tiene una habitación libre por cinco días
a partir del día 10?

Quisiera reservar una habitación individual
con baño y, si es posible, con vista al
mar.

Le ruego me confirme la reserva de la
habitación a su más pronta conveniencia.
Le ruego me mande también una tarifa de
precios y unos detalles sobre los servicios
que ofrece el hotel.

Agradeciéndole de antemano su pronta
atención, le saluda atentamente,
```

¿Cuándo vas a estar?
¿Cuántos días vas a estar?
¿Cuándo vas a llegar?

¿Qué tipo de habitación quieres?

¿Qué más quieres?

Now write a similar letter to a hotel chosen from those
on page 52. You want to book a room for three days
from 8 August. You want a twin-bedded room with
shower. You would like the hotel to confirm the
reservation, and tell you the cost.

20539	17/10	Joan Mc Cantty	35		KM
RECEIPT NO.	DATE	NAME	FEE	DEPOSIT	INITIALS

Coiste Gairmoideachais Chathair Phortláirge

30, The Mall, Waterford
Telephone: 051-74007

RECEIPT NO.   20539

As you open the letter which comes back from the hotel, these are the questions going through your mind:

1 Has the hotel reserved exactly the room that you asked for?

2 How much is it going to cost?

3 Is the hotel easy to get to?

4 Will you be able to eat there?

5 Have they sent you any additional information?

6 Have you made a good choice of hotel?

As you read the letter, check that your questions have been answered.

HOTEL MIRADOR

Paseo de Ronda s/n · La Coruña

12 de mayo de 1988

Estimada Srta:

Tenemos el gusto de acusar recibo de su carta del 26 de abril. Nos complacemos en reservarle la habitación que nos solicitó a partir del día 10 de julio. Tiene baño y vista al mar y el importe es de 3000 pesetas por día. El desayuno está incluido pero el IVA se paga encima.

Nuestro hotel se encuentra situado en el centro de la ciudad y a corta distancia del aeropuerto, de la estación de ferrocarril y de la estación de autobuses. Tiene restaurante y todas las habitaciones tienen teléfono y terraza. Además el hotel dispone de dos ascensores, dos piscinas y un salón con televisión. Adjunto le enviamos un folleto descriptivo con un plano de localización.

Esperamos que tenga una feliz estancia en nuestra ciudad.

Atentamente,

Alfredo G Castrillón
Director

Ahora la prueba

1 You have seen an advert in the paper for Spanish courses in Spain during the summer and have replied, asking for a leaflet. Here is the leaflet:

Cursos intensivos de lengua y civilización españolas

c/Portero, 39 Madrid

Programa especial para cursos de verano

JUNIO—JULIO—AGOSTO

20/22 horas semanales   •   Estancias de 3, 4, 6, 8 semanas

Actividades complementarias: visitas, deportes, excursiones
(Toledo, Segovia, El Escorial, etcétera)

Write again, thanking them for the leaflet about the courses, and asking for more details.
Ask if they can tell you:

a whether there are classes in the afternoon
b how many students there are in the classes
c whether it is possible to stay with a Spanish family

In the leaflet it says there is a trip to Toledo which you think might be interesting. Ask them to send you a leaflet about the town.
Begin and end your letter appropriately.

2 Having written to the tourist office in Lugo for a friend who is doing a geography project on north-west Spain, you receive this information about the town:

LUGO, capital de la provincia del mismo nombre, se sitúa en posición dominadora sobre el río Miño a 100 kilómetros de la costa cantábrica. Tiene 70.000 habitantes. Son famosas las murallas de Lugo; construidas por los romanos, rodean la ciudad en un perímetro superior a los dos kilómetros.

En la ciudad hay un hotel de tres estrellas con 176 plazas y otro de dos estrellas con 95 plazas. Hay un camping de 3ª categoría a tres kilómetros. Lugo tiene estación de ferrocarril y de autobuses. Hay trenes todos los días a La Coruña, Madrid, Bilbao, Barcelona e Irún.

En cuanto a la comida, hay un slogan muy extendido que termina '. . . y para comer, Lugo'. La ciudad hace honor a este slogan por la gran variedad y riqueza de su gastronomía. Los restaurantes ofrecen platos típicos de la región, tales como el caldo gallego, empanadas de carne o pescado, mariscos y pescados de mar y de río. De postre, son muy ricas las tartas de Mondoñedo y los varios quesos de la región. Para beber, o un tinto de Ribeiro o sidra.

Lugo cuenta con varios clubs y sociedades deportivas. Hay cuatro cines y varias salas de fiesta, discotecas. También hay museos y salas de exposiciones.

Desde Lugo salen varias excursiones: a la costa, con sus magníficas playas, por las montañas y los valles maravillosos del interior, como la sierra de Ancares, y a otras ciudades de interés histórico-artístico como Monforte y Mondoñedo.

Your friend, who knows very little Spanish, gives you this list of questions. Can you answer them?

a Where does the town get its name?
b Which river is the town situated on?
c How far is Lugo from the sea?
d How long are the town walls which enclose Lugo?
e What accommodation does the town offer?
f Is the town famous for anything?
g What might a typical meal consist of?
h What is there to do in Lugo, apart from eat?
i What types of excursions are available?
j Would *you* like to go there? Give your reasons.

3 Your parents ask you to book the following accommodation in a Spanish hotel:
a double room with a bath and a single room for eight days from 15–23 August.
They would like to know whether the hotel has a car park, and would like the hotel to send them a leaflet on excursions and information about local sporting facilities.
The address of the hotel is:
    Hotel Altamira
    Sardinero
    Santander

UNIDAD 5

Ahora sabes . . .

Now you know . . .

how to begin and end a formal letter	Muy señor mío: Estimado señor: Estimada señora: Le saluda atentamente
how to ask for leaflets, lists, (more) information	Quisiera un folleto de Madrid. ¿Quiere Vd. mandarme una lista de campings? Le ruego me envíe (más) información sobre . . .
how to say 'I would like to know if' or 'whether'	Quisiera saber si ¿Me puede decir si . . .?
how to say 'thank you for your letter' or 'for information'	Gracias por su atenta / amable carta. Gracias por el folleto que me mandó.

how to reserve a hotel room
    ask for confirmation
    and ask for the cost
	Quisiera reservar una habitación.
	Le ruego me confirme la reserva.
	Le ruego me mande la tarifa de precios.

how to understand some of the jargon of formal letters	Tenemos el gusto de reservarle Nos es grato acusar recibo de Nos complacemos en enviarle adjunto Le queda muy agradecido Esperamos que tenga una feliz estancia aquí
how to understand hotel brochures	salón de TV salón social céntrico vista al mar balcón calefacción aire acondicionado dos estrellas aparcamiento (privado) piscina (climatizada) zona tranquila música ambiental
some words to help you to ask questions	¿Cuánto . . .? ¿Cómo . . .? ¿Cuándo . . .? ¿Por qué . . .? ¿Dónde . . .? ¿Quién . . .? ¿Adónde . . .? ¿Qué . . .?

¡Vamos de vacaciones!

You will often want to discuss holidays with your Spanish friends: planning exchanges with them or sending postcards from other holiday places.

By the end of this unit you will be able to:
talk about where you are going to go, how you intend to travel and where you will stay,
talk about some of the things you do on holiday,
talk about the weather and understand weather forecasts,
send holiday postcards to Spanish friends.

 El clima español

¿A ti te importa el tiempo que hace cuando estás de vacaciones?
¡Claro que sí!
¿Qué tiempo hace en España . . .
. . . en verano?

Leyenda

Hace buen tiempo	Hay niebla
Hace sol	Está nublado
Hace calor	Llueve
Está despejado	Nieva
Hace mal tiempo	Hay tormenta
Hace frío	Hace viento

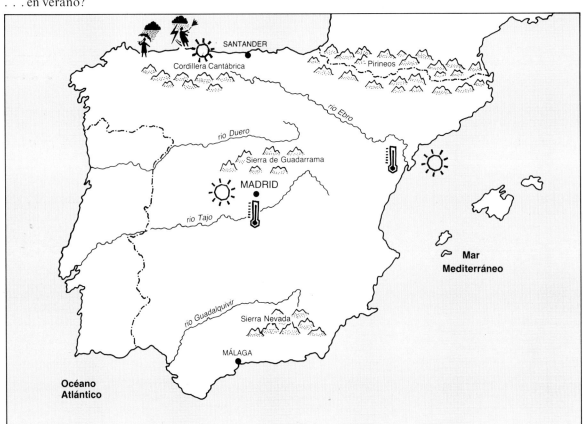

En España en verano hace buen tiempo. En las costas mediterráneas y en el centro hace mucho calor y mucho sol. Llueve poco. En el norte hace sol pero hace menos calor. A veces llueve y a veces hay tormentas.

¿Y en primavera?

En primavera ya no hace frío en las costas mediterráneas. El cielo está despejado, pero algunos días llueve. En la meseta hace frío todavía, pero empieza a hacer sol. En Galicia y la zona cantábrica llueve bastante. Hace frío y hace viento.

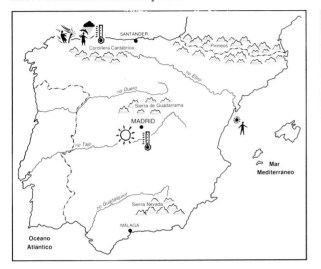

¿Y en otoño?

Mira los símbolos en este mapa y describe el tiempo que hace en España en otoño.

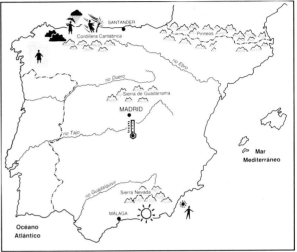

¿Y en invierno?

Hace mal tiempo en España en invierno. En el norte llueve mucho. Hace frío y hace viento. En los Pirineos y en las sierras nieva. En Madrid nieva también. Hace muchísimo frío. En el sur hace menos frío y llueve poco.

Copia el mapa de España en tu cuaderno. Añade los símbolos que hacen falta para ilustrar el tiempo en invierno.

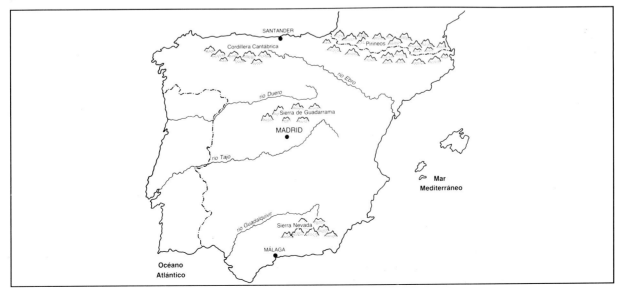

Una carta

Miguel is a little worried when he receives this letter from his friend Paul who is coming to stay soon. Miguel had not expected another letter. Questions go through his mind as he opens it:

How has Paul found time to write again?

Is there a problem which means Paul can no longer come?

Have the travel arrangements changed?

Does he need anything?

How do you think Miguel reacted as he read the letter?

Halifax 18 de marzo

Querido Miguel:

¿Qué tal estás? Yo, estupendo puesto que es sábado y no hay clases.

Por eso tengo tiempo suficiente para escribirte. ¿Qué haces tú los fines de semana?

Se acercan las vacaciones de Semana Santa, ¿verdad? Tengo muchas ganas de acabar las clases porque estoy deseando ir a pasar esos días en tu casa. Ya te dije que el ferry llega a Santander a las 10 de la mañana ¿no? No olvides venir a buscarme. Tengo que preguntarte una cosa. ¿Qué tiempo hace en Santillana en abril? No sé qué ropa poner en mi maleta y por eso te lo pregunto.

Recuerdos a tu familia. Hasta muy pronto.

Paul

Cuando voy de vacaciones

¿Sabes hacer bien la maleta? ¡A ver! Haz este pequeño test:

1 Necesito un jersey como éste si voy de vacaciones a un sitio donde:
   a   hace calor
   b   nieva
   c   llueve

2 Llevo sandalias como éstas si voy de vacaciones:
   a   en otoño
   b   en verano
   c   en primavera

3 Me hace falta un anorak como éste si voy de vacaciones a un sitio donde:
   a   hace viento
   b   hace sol
   c   está despejado

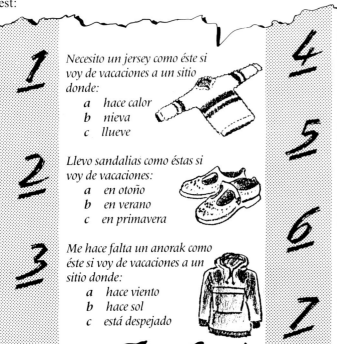

4 Necesito un traje de baño como éste si voy de vacaciones:
   a   al mar
   b   al campo
   c   a la montaña

5 Necesito una bufanda como ésta si voy de vacaciones:
   a   en verano
   b   en Semana Santa
   c   en invierno

6 Llevo botas como éstas si voy de vacaciones a un sitio donde:
   a   hay muchas tormentas
   b   hace frío
   c   hay niebla

7 Sólo llevo patines como éstos si voy a un sitio donde:
   a   está nublado
   b   hace mucho frío
   c   hace buen tiempo

Tiempo: Pronóstico para hoy

Estás en un hotel en Santiago. Compras el periódico porque quieres saber qué dice el pronóstico. ¿Es buen día para salir, o sería mejor quedarte en el hotel? Explica tu decisión a tu pareja. Si decides salir, ¿qué vas a ponerte como ropa?

Ejemplo:
– No salgo hoy porque . . .
o bien:
– Voy a salir porque . . . y.me voy a poner . . .

CANTÁBRICO Cielo nuboso por toda la zona. Nieblas matinales y vientos flojos de componente este. Sin cambio en las temperaturas. Máximas de 27° y mínimas de 16°

CASTILLA Y LEÓN Cielo despejado en toda la zona, con vientos flojos del Sureste. Neblinas matinales. Sin cambio en las temperaturas. Máximas de 32° y mínimas de 12°.

GALICIA Cielo casi despejado por la mañana y aumento de la nubosidad por la tarde con fenómenos tormentosos. Vientos flojos del Este. Nieblas matinales en Orense e interior de Lugo. Sin cambio en las temperaturas. Máximas de 28° y mínimas de 14°.

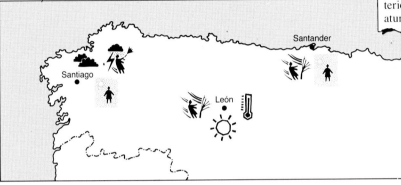

Could you answer these people's questions?

Me llamo Paloma Martínez y vivo en Santander. Hoy quiero ir a la playa con mis amigos. ¿Es buena idea?

Me llamo Pedro. Vivo en León. Mis amigos y yo queremos ir a merendar al río. ¿Es buena idea?

Me llamo Ignacio y vivo en Santiago. Hoy quiero pasar el día navegando en mi barco. ¿Es buena idea?

🔲 Escucha ahora este pronóstico de Radio Nacional de España. Tu pasas algunos días con la familia de tu corresponsal en Santander. ¿Hoy es buen día para ir a la playa, o sería mejor no salir hoy?

¿Qué te gusta hacer? 🔲

Escucha a estos jóvenes españoles hablando de lo que les gusta hacer en las distintas épocas del año; a ver cuánto tienes de común con ellos.

¿Qué hacemos?

Tu corresponsal pasa algunos días en tu casa. Por la mañana te pregunta:

– ¿Qué hacemos hoy?

Antes de decidirte, miras el pronóstico en el periódico para ver qué tiempo va a hacer hoy. ¿Qué sugieres hacer? Pide a tu pareja que haga el papel de tu corresponsal; después de unos minutos cambia de papel con él o ella.

Ejemplo:

Tú – Hoy dice el prónostico que va a hacer mal tiempo y que va a haber tormenta. ¿Qué te parece si vamos al cine? ¿O podemos quedarnos en casa y escuchar discos?

Tu corresponsal – Me gustaría más ir al cine. Podemos escuchar discos más tarde.

¿Cómo te diviertes de vacaciones?

¿Qué te gusta hacer cuando estás de vacaciones?

¿Te gusta esquiar?
Puedes ir a Suiza, Austria, Francia, Alemania o Italia.

¿Te gusta tomar el sol en la playa?
Puedes ir a Italia, Portugal, Grecia o al sur de Francia.

¿Te gusta la historia? ¿visitar catedrales, castillos, palacios, monumentos?
Entonces, puedes ir a Italia, Austria, Grecia, Francia, o Portugal.

¿Te gustan los deportes acuáticos?
Puedes ir a los Estados Unidos, o a los países de la Costa Mediterránea: Grecia, Italia y Francia.

¿Te gustan los lagos, los bosques, la montaña?
¿Te gusta estar al aire libre?
Puedes ir a Escocia, o a Escandinavia: Noruega, Dinamarca, Suecia o Finlandia.

Pero, ¿por qué? ¡España tiene de todo!

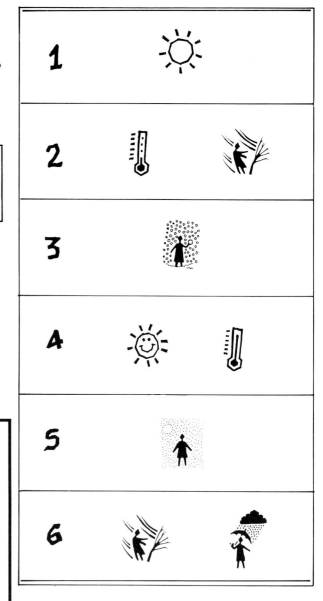

Tu pareja ya tiene proyectos para sus vacaciones. Convéncele que España tiene todo lo que busca.

Ejemplo:
Si tu pareja dice:
– Este año quiero ir a esquiar. Me parece que voy a ir a Suiza.
Tú puedes decir:
– Bueno, puedes ir a Suiza, pero, ¿has pensado en ir a España? Hay muchas estaciones de esquí, mucha nieve y mucho sol. La comida es buena, el paisaje es magnífico y hay muchas cosas que ver y hacer.

UNIDAD 6

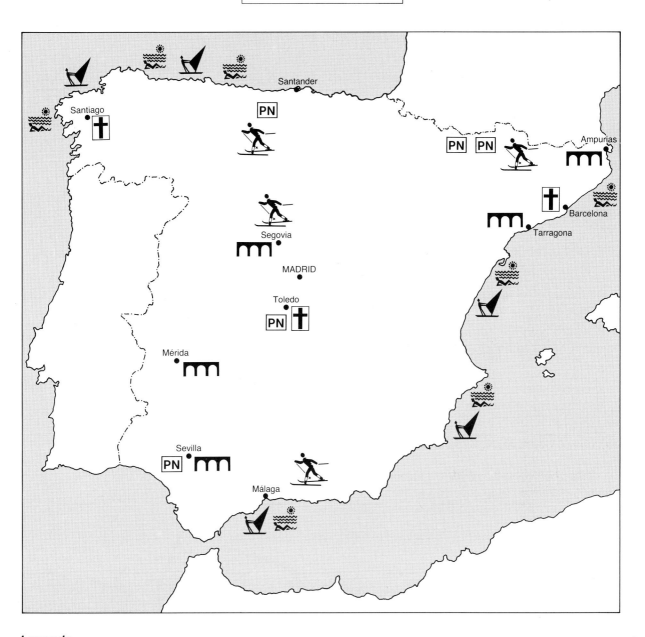

Leyenda

Deportes acuáticos

Parques nacionales **PN**

Playas

Estaciones de esquí

Catedrales ✝

Ruinas románicas

63

¿Cómo viajar?

¿Prefieres ir en avión o en tren? ¿En metro o en autobús? Depende del viaje, ¿no?

Quieres hacer los viajes siguientes. Díle a tu pareja cómo vas a viajar. ¿Está de acuerdo contigo tu pareja? Cada viaje empieza en tu propia casa.

1 Quieres ver París. Sólo tienes cuatro días libres y no tienes mucho dinero.
2 Tienes que ir al aeropuerto más cerca a encontrar a unos amigos. Llueve.
3 Quieres ir al centro. Tienes poco dinero y hace mucho frío.
4 Tienes que estar lo más rápido posible en la estación.
5 Vas al cine. Nieva.
6 Tienes que estar en Dover muy pronto por la mañana.
7 Quieres ir tranquilamente desde Inglaterra a España. No tienes prisa.

Estos viajes no empiezan en tu casa. Imagina que estás en un hotel en las afueras de Madrid.

8 Quieres ver los monumentos de la zona central y sólo tienes dos horas.
9 Quieres ir rápidamente de un lado de Madrid a otro y hay muchísimo tráfico por las calles de la capital.

Ejemplo:

Tú – Voy a París y como no tengo mucho dinero voy a ir en tren y en barco. El tren es más barato y más interesante aunque es más lento.

Tu pareja – De acuerdo, pero sólo tienes cuatro días. El avión es más rápido que el tren.

Tú – Pero es más caro, y tengo poco dinero.

Aquí hay unas frases para ayudarte.

Una encuesta

AGENCIA DE VIAJES CANTÁBRICA
PLAZA DE LAS ESTACIONES, SANTANDER
Márquese con una cruz lo que proceda:

DESTINACIÓN PREFERIDA

☐ España ☐ Europa ☐ América Latina
☐ Estados Unidos ☒ Escandinavia ☐ Oriente

DURACIÓN PREFERIDA

☐ Menos de 1 semana ☐ 15 días ☐ 1 mes
☐ 1 semana ☒ 3 semanas ☐ Más de 1 mes

FACTORES DETERMINANTES EN SU SELECCIÓN DE DESTINO

☒ Precio ☐ Mar ☒ Campo/Paisaje
☒ Clima ☐ Montaña ☐ Interés histórico
☐ Gastronomía ☐ Cultura

ALOJAMIENTOS PREFERIDOS

☐ Hotel ☒ Albergue Juvenil ☐ Apartamento
☐ Pensión ☒ Camping ☐ Chalet

MEDIOS DE TRANSPORTE PREFERIDOS

☒ Avión ☐ Autocar ☐ Barco
☐ Tren ☐ Coche

Apellido *Puente*   Nombre *Miguel*
Estado Civil *Soltero*
Domicilio *c/ Canton 24, Santillana*
Edad *15*
¿Adónde fue de vacaciones el año pasado? *Andorra*
Firma *Miguel Puente*   Fecha *3 de noviembre*

La Agencia de Viajes Cantábrica quiere saber qué tipo de vacaciones les interesa a los jóvenes. Por eso decide realizar una encuesta a unos jóvenes de la ciudad. Arriba está la ficha que rellenó Miguel.

Los resultados de la encuesta están aquí:

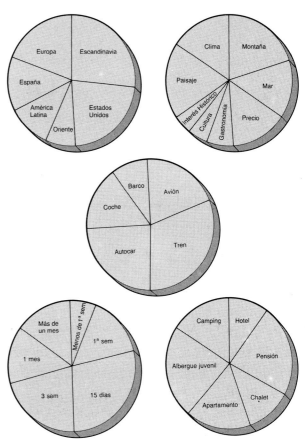

Informe sobre las vacaciones de un grupo de jóvenes de unos 15 años

A la mayoría de los jóvenes les gustaría pasar sus vacaciones en Escandinavia, aunque son muy populares también Europa y los Estados Unidos. Prefieren ir a las montañas y son importantes el paisaje, el clima y el precio. No les importa la gastronomía y no les interesa la cultura ni la historia. Prefieren vivir en un albergue juvenil o una pensión, y pasar 15 días o 3 semanas de vacaciones. Prefieren viajar en tren o en autocar.

65

A la Agencia Cantábrica les interesa también saber las opiniones de los jóvenes de otros países. Haz una encuesta semejante entre tus compañeros de clase. La Agencia quiere saber sobre todo:

¿Cuál es tu destinación preferida?
¿Qué te importa cuando vas de vacaciones?
¿Qué no te importa o no te interesa?
¿Dónde prefieres vivir cuando estás de vacaciones?
¿Cuánto tiempo te gusta pasar de vacaciones?
¿Cómo prefieres viajar?

Después de hacer la encuesta, escribe un pequeño informe como el que está en la página 65.

Ahora, describe *tus* vacaciones ideales. Para ayudarte, aquí tienes lo que escribió Miguel:

> Me gustaría pasar mis vacaciones en Escandinavia. Prefiero ir a los montañas, y para mí es importante el paisaje, el clima y el precio. No me importa mucho la gastronomía, y no me interesa la cultura ni la historia. Prefiero vivir en un albergue juvenil o hacer camping. Me gustaría pasar tres semanas allí y viajar en avión o en autocar.

¿Qué te parece?

La familia de tu corresponsal te invita a acompañarles cuando toman algunos días de vacaciones. Te dan dos folletos sobre los dos sitios a los cuales piensan ir y te piden tu opinión.

Antes de decidirte, hablas con tu corresponsal. Tienes que comparar la situación, el alojamiento y lo que se puede hacer en cada sitio. Practica la conversación con tu pareja. Pídele que haga el papel de tu corresponsal, y cambia de papel después de unos minutos.

Ejemplo:

Tú – Bueno, el Valle de Tena está en la montaña y Peñíscola está en la costa. ¿Cuál prefieres?

Tu pareja – Pues, creo que a mí me gusta más . . . porque. . . .

Peñíscola

Situada en la costa del Azahar, levantada sobre un peñasco elevado, muy adentrado en el mar y cargado de historia, es quizás el lugar más pintoresco y admirado de todo el litoral Mediterráneo.

BUNGALOW (Máx. 6 Pers.)

PERIODO	MENSUAL (1-30)	1.ª QUINC. (1-15)	2.ª QUINC. (16-30)
Junio	72.035	34.875	50.785
Julio	156.270	76.175	96.990
Agosto	180.680	108.540	89.905
Septiembre	101.675	67.785	45.770

Están situados en el grandioso complejo de PEÑISMAR que cuenta con piscina, tenis, jardín de niños, restaurantes, bares, supermercados, etc. Precios por apartamento, incluyendo lencería y limpieza final.
Obligatorio: 15 días mínimo de estancia.
Depósito por daños ocasionales: 10.000 Ptas.
Importante: Los Bungalows tienen derecho al acceso gratuito al Complejo Deportivo «AGUALANDIA». Para los clientes de los Apartamentos y Estudios que deseen acceder al Complejo Deportivo «AGUALANDIA», deberán abonar un ticket de 10.000 Ptas. por quincena y apartamento.

VALLE DE TENA

El Valle de Tena, situado en el corazón del Pirineo Aragonés, próximo a Jaca, Ordesa.... ofrece las más amplias posibilidades de ocio y disfrute de la naturaleza.

Además de los juegos de salón en su establecimiento hotelero, podrá practicar una amplia gama de deportes: Excursiones en Land-Rover y a pie con guías de montaña. Hípica: picadero y paseos. Tenis con clases infantiles. Natación con cursillos semanales. Pesca de trucha. Voleibol. Frontón. Futbol....

Durante los meses de julio, agosto y parte de septiembre rara es la semana en que no haya alguna fiesta popular en el Valle. Además de estas fiestas propias de cada localidad, el Servicio de Relaciones Públicas del Valle organiza diariamente en los distintos pueblos fiestas, juegos, verbenas y concursos infantiles, fuegos de campamento y chocolatadas. Para mayores: bailes, verbenas, fiestas de discoteca y barbacoas, entre otras muchas cosas.

BIESCAS

Hotel RUBA (*)		M.P. P.C.	2.280 2.725	2.600 3.045

SABIÑÁNIGO

Hostal MI CASA (***)		M.P. P.C.	2.200 2.900	2.575 3.275

Saludos

Durante las vacaciones es muy agradable mandar
postales a tus amigos y recibir las que te mandan a ti.

You haven't been in touch with these three friends for
some time, so you are delighted to receive postcards
from them. As you begin to read, you wonder:
Where are they?
What's it like?
Is the weather good?
What are they doing?
Have they plans to do anything interesting?
Are they enjoying themselves?

Pontevedra,
miércoles

Aquí hay tantas cosas
que ver que no sabemos
dónde empezar. Paso
unos días aquí con
mi amiga Marisa.
Estamos en una
pequeña pensión en
una calle muy
tranquila. Hace mal
tiempo pero no nos
importa. Mañana vamos
al museo y por la tarde
vamos de compras.
Saludos Ana

Sandi Day
23B High Road
Stockport

INGLATERRA

Castellón,
martes

Aquí estamos en la Costa
Mediterránea. Desde
luego hace mucho calor
y pasamos el día en la
playa tomando el sol. El
hotel es muy cómodo. Por
la tarde cenamos en un
restaurante y algunas
veces vamos a una discoteca.
Mañana vamos de excursión
a Valencia. Abrazos, Miguel

Sandi
23b H
Stock
INGL

Espinilla,
sábado

Es la primera vez que hago
el esquí. Me gusta mucho,
¡aunque paso mucho
tiempo sentado en la
nieve! Estoy en un
pueblo en las montañas
que se llama Espinilla.
Estoy con un grupo de
amigos en un apartamento.
Hace muchísimo frío y
por eso comemos mucho
¡me gusta estar de
vacaciones!
Abrazos, Felipe

Sandi Day
23B High Road
Stockport

INGLATERRA

Mira ahora las postales abajo. Imagina que tú estás de
vacaciones en uno de estos sitios. Escribe una de las
postales a un amigo o a una amiga.
Dile dónde estás, cuánto tiempo pasas allí, dónde te
alojas y con quién estás. Describe el tiempo que hace,
qué haces y qué vas a hacer.

¿Vas de vacaciones? 📼

Estás con unos amigos españoles. Están hablando de
sus planes para las vacaciones del verano. Escucha lo
que dicen. ¿Con quién te gustaría ir?

When you have decided who you would like to go
with, listen to the conversation again and make notes
under these headings for the holiday of your choice:
Where will you stay?
What will you be able to do there?
What will the weather be like?
What sort of surroundings will you have?

Al final de la conversación entre tus amigos, ¿qué vas
a decir tú?

Ahora la prueba . . .

1 While on holiday in Spain you entered this competition in the Corte Inglés. On your return home you are notified that you have won one of these holidays. Write to your Spanish penfriend and tell him or her about the holiday you are going to have. Say how you are going to travel, how long you will stay, where you will stay and what you are going to do there.

Ven a Holanda con nosotros

Hotel Cok.

JUVENTUD ¡A TOPE!

HOLANDA, un país que reune todas las condiciones para pasar unas vacaciones inolvidables: belleza, historia, cultura, diversiones...
Si ganas uno de nuestros viajes, volarás a Amsterdam con KLM, hospedándote durante tres días en el COK BUDGET HOTEL, un hotel situado en el corazón de Amsterdam y muy especialmente pensado para gente joven.
Podrás conocer los canales de Amsterdam, la Plaza del Dam, el Rijksmuseum... e, incluso, te invitamos a una cena en el famoso restaurante FIVE FLIES ("Cinco Moscas").
Además realizarás el Gran Tour de Holanda, visitando La Haya, Rotterdam, Delft, Madurodam, los molinos de viento de Zaanse Schans...
Durante todo el viaje os acompañará un guía de la AGENCIA DE VIAJES DE EL CORTE INGLES que os ayudará a descubrir todas las maravillas de Holanda.

2 Here are some of the questions you will probably be asked about your holiday plans. Practise with your partner until you can both answer them all. If you prefer, talk about the ideal holiday you described on page 66.

¿Adónde vas de vacaciones? ¿Vas solo(a)?
¿Cómo vas?
¿Cuánto tiempo vas a estar allí?
¿Dónde vas a alojarte?
¿Qué tiempo hace allí normalmente?
¿Qué te gusta hacer cuando estás de vacaciones?
¿Qué se puede hacer allí?
¿Cómo es la región/la zona/la ciudad/el pueblo?

3 📼 Listen to the same questions being put to a group of Spanish girls and boys who are the same age as you. Can you say where each of them is going, for how long, and what they think the weather will be like?
Write down one activity they will do while on holiday. Now listen again. Make a note each time one of them gives the same answer you gave. (They may use different words.)
With whom do you have most in common?

4 From the places mentioned in Unit 6 choose a place you would like to visit. Imagine that you are there and write a postcard to a Spanish friend, describing the resort.

5 📼 You listen to a weather forecast on *Radio Nacional de España*. You are staying in Cantabria with your family, who do not speak Spanish. Write down what the weather is going to be like.

Ahora sabes . . .

how to describe weather in various seasons, and understand weather forecasts in the newspaper and on TV and radio	en primavera en verano en otoño en invierno hace sol / buen tiempo / calor hace mal tiempo / frío / viento hay niebla / tormenta está despejado / nublado llueve nieva Va a $\left\{\begin{array}{l}\text{hacer sol}\\ \text{haber niebla}\\ \text{llover}\\ \text{estar despejado}\end{array}\right.$
how to talk about holiday activities	Me gusta esquiar / ir a la playa. Prefiero ir a merendar en el campo. Se puede patinar. Pasamos el día tomando el sol. Voy a sacar fotos.

the names of some countries	Este año de vacaciones voy a . . .
	   Suiza, Austria, Italia, Portugal,
	   Francia, Grecia, Escocia, España,
	Escandinavia: Noruega, Suecia,
	   Dinamarca, Finlandia

how to talk about different ways of travelling	Voy en tren / en metro / en autobús. Prefiero ir en avión / en coche / en autocar. No me gusta ir en barco / en taxi. Es menos caro ir andando.
how to talk about accommodation	Estoy en un hotel / una pensión. Vamos a hacer camping. Nos alojamos en un apartamento / un chalet. Estamos en un albergue juvenil.
how to talk about the length of your holidays	Paso unos días aquí. Me gustaría pasar tres semanas allí.

some more names of clothes suitable for various weather conditions	Cuando hace calor necesitas sandalias /
	   traje de baño.
	Cuando hace frío necesitas un anorak /
	   una bufanda / botas / un jersey.

¿Lo pasaste bien?

Did you have a good time? What was it like?
Where did you go? What did you do?
You will often be asked, and want to ask,
questions like these. They give you a marvellous
opportunity for exchanging experiences and
impressions with your Spanish friends.

By the end of this unit you will be able to:
say where you went and with whom,
say how long you stayed and where,
say what you saw and did,
understand this information from others.

Una postal

Paul sabe que su amigo Miguel está de vacaciones, y
está muy contento cuando un día recibe esta postal:

¡Hola!
Estoy en Cambados, cerca de
Pontevedra. Como ves, es un
pueblo pesquero muy bonito.
Hace muy buen tiempo y paso
el día en la playa; me baño y
tomo el sol. También
aprendo a hacer windsurfing
pero es muy difícil.
        Antes de venir aquí
pasé dos semanas con mi
hermana que tiene un piso en
Madrid.
        Te voy a contar más en
una carta más larga cuando
vuelva a casa. Saludos Miguel

Paul Andrews
6, Green Lane
Halifax
INGLATERRA

Paul's parents see the postcard and are interested to
know what Miguel is doing. Can you answer their
questions?

Where is Cambados?
What sort of place is it?
What is the weather like?
How is Miguel spending his time?
Has Miguel been anywhere else?
Is he going to write again?

¿Qué tal tus vacaciones?

Por cierto, unos días después recibió Paul esta carta.
Miguel habla de sus vacaciones. ¿Crees que las pasó
bien?

MADRID

6 de Septiembre

¡Hola!
¿Qué tal tus vacaciones? Las mías,
¡estupendas! Pasé dos semanas
con mi hermana en Madrid.
Conocí a muchos amigos suyos y
salí mucho con ellos. Por la noche fui con ellos a
discotecas o al cine. Algunas veces nos reunimos en
casa de uno de ellos. Escuchamos discos y
charlamos hasta muy tarde. Lo pasé muy bien y
me gustó Madrid.
    Luego, hace dos semanas, fui a Cambados con mi amigo
Manolo. Me alojé en una pensión pequeña, pero muy cómoda.
Pasé ocho días allí en total. Tiene una playa muy bonita,
así que me bañé todos los días y tomé el sol.
También aprendí a hacer windsurfing; al principio lo
encontré muy difícil y me caí al agua a menudo. Un
día fui de excursión a Tuy, que es una de las
ciudades más antiguas de Galicia. Pasé unas horas
visitando la ciudad y comí en un restaurante muy
típico. En Cambados no hay mucho que hacer por la
                    noche porque es un pueblo pequeño.
                    Fui al cine una vez y otra vez bajé
                    al puerto para ver la llegada de
                    los barcos.
                        Escribe pronto y cuéntame
                    algo de tus vacaciones
                        Saludos,
                            Miguel

 El fin de semana

¡Cada semana tenemos dos días de vacaciones: el sábado y el domingo!
A un grupo de jóvenes españoles se les preguntó:
– ¿Qué hiciste el fin de semana pasado?
Aquí tienes lo que contestaron:

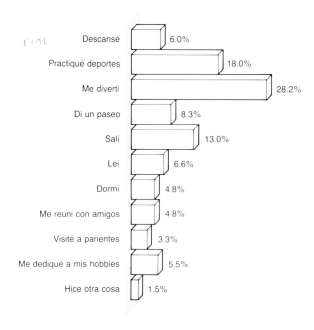

Descansé	6.0%
Practiqué deportes	18.0%
Me divertí	28.2%
Di un paseo	8.3%
Salí	13.0%
Leí	6.6%
Dormí	4.8%
Me reuní con amigos	4.8%
Visité a parientes	3.3%
Me dediqué a mis hobbies	5.5%
Hice otra cosa	1.5%

Escucha ahora a unos jóvenes españoles que contestan esta misma pregunta:
¿Qué hiciste el fin de semana pasado?
Apunta lo que hizo cada uno. ¿Quién pasó el fin de semana más parecido al tuyo? ¿Cuáles te parecen personas interesantes con quienes hablar? ¿Por qué?

Now ask your partner what he or she did last weekend. He or she will give you as little information as possible.

Ejemplo:

　　　　Tú – ¿Qué hiciste el fin de semana pasado?
Tu pareja – Salí.
　　　　Tú – ¿Adónde fuiste?
Tu pareja – Al cine.
　　　　Tú – ¿Fuiste solo(a)?
Tu pareja – No.

That's how to be a conversation-stopper!
This time give as much information as possible.

Ejemplo:

　　　　Tú – ¿Qué hiciste el fin de semana pasado?
Tu pareja – Pues, hice muchas cosas. El sábado por la mañana fui de compras con mi hermana. Por la tarde fui a casa de un amigo y luego por la noche salí otra vez.
　　　　Tú – ¿Adónde fuiste?
Tu pareja – Fui al cine. Vi una película muy buena. Me gustó mucho.
　　　　Tú – ¿Fuiste solo(a)?
Tu pareja – No, fui con dos amigos míos. Salgo con ellos los fines de semana.

¿Qué día fue más interesante para ti, el sábado o el domingo? ¿Por qué? ¿Están de acuerdo tus compañeros de clase?

Ejemplo:

– Para mí el día más interesante fue el sábado, porque . . .
– Bueno, pues para mí también el día más interesante fue el sábado, porque . . .
– Para mí no fue muy interesante el sábado; fue más interesante el domingo, porque . . .

 El álbum de fotos

Aquí tienes trozos de tres cartas, en las que los autores describen las vacaciones de alguien que conocen. ¿Cuál de las fotos arriba no acompañó a ninguna de estas cartas?

Hace un mes mi amigo fue a pasar ocho días en Cambados, que es un puerto pesquero en Galicia. Se alojó en una pensión muy cómoda. Aprendió a hacer windsurfing. Dice que es muy difícil, y al principio se cayó al agua a menudo. Un día fue de excursión a Tuy, donde comió en un restaurante muy típico.

Este año mi hermano mayor fue de vacaciones con un grupo de amigos. Fue a Málaga. Pasó dos semanas allí. Se alojó en un apartamento, muy cerca de la playa que le costó bastante caro. Bajó a la playa casi todos los días, se bañó, descansó y algunas veces jugó al balonmano con sus amigos.

Durante el mes de agosto mi hermano Julio fue de vacaciones con unos amigos suyos. A mi hermano le gusta mucho estar al aire libre, así que hizo camping en la sierra pero algunos días se alojó en un albergue juvenil. Lo pasó muy bien.

Imagina que una de las personas en la foto que has escogido es amigo tuyo o amiga tuya. Cuenta algo de sus vacaciones para incluir en una carta a tu corresponsal.

 ## *Unas vacaciones ideales*

¿Tienes buena imaginación? Mira esta foto e imagina que la sacaste cuando fuiste de vacaciones el año pasado.
¿Adónde fuiste?
¿Qué hiciste?
¿Dónde te alojaste?
¿Qué tal lo pasaste?

Describe tus vacaciones allí. Trata de asegurar que tus vacaciones sean distintas de las de todos tus compañeros de clase. Los detalles son importantes.

Interview someone in your class about their last holidays. Choose someone you do not know very well. They may either tell you about a real holiday, or the holiday they imagined above.
   Try to find out at least ten facts and do it all in Spanish. Write notes on the information you receive.

España: todo bajo el sol

¡Los españoles también van de vacaciones!
Casi la mitad de los 37 millones de ellos toman
vacaciones cada año, y cada año el Gabinete de
Investigación Turística realiza una encuesta nacional:

Medio de transporte utilizado : en %

Coche propio — 63
Autocar — 13
Tren — 15
Avión — 7
Barco — 2

Alojamiento en vacaciones

Hotel 19%
Apartamento en alquiler 16%
Casa familiar 41%
Camping-Caravana 9%
Vivienda secundaria propia 15%

Destino de vacaciones

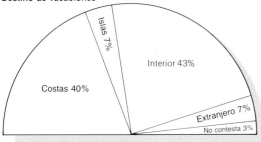

Islas 7%
Interior 43%
Costas 40%
Extranjero 7%
No contesta 3%

Organización de vacaciones : en %	
Individual	88
A través de una agencia	8
A través club o asociación	4

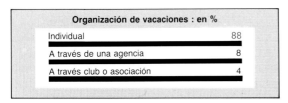

Mes elegido para las vacaciones : en %

Agosto 50
Otros meses 10
Junio 5
Septiem 11
Julio 24

Número de viajes que realiza durante las vacaciones

Un viaje 68%
No contesta 4%
Más de 3 viajes 5%
Tres viajes 6%
Dos viajes 17%

Duración de las vacaciones

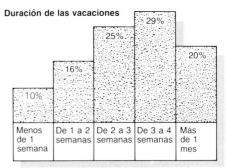

Menos de 1 semana	De 1 a 2 semanas	De 2 a 3 semanas	De 3 a 4 semanas	Más de 1 mes
10%	16%	25%	29%	20%

El año pasado, ¿cómo pasó sus vacaciones el turista
español típico?

Fue de vacaciones en coche.
Se alojó en una casa familiar.
Organizó sus vacaciones sin ayuda de una agencia de
viajes.
Realizó un solo viaje.
Fue de vacaciones en el mes de agosto.
Sus vacaciones duraron entre tres y cuatro semanas.
Pasó sus vacaciones en la costa o en el interior.
Fueron muy pocos españoles al extranjero.

🖥 Escucha a estos españoles. ¿Son típicos?
¿Cómo es el turista inglés típico?
Haz una encuesta semejante entre tus compañeros de
clase. ¿Cuáles son las preguntas que tienes que hacer?

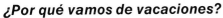

¿Por qué vamos de vacaciones?

Aquí tienes las respuestas de quinientos jóvenes españoles a la pregunta:

¿Por qué motivo emprendiste el viaje de vacaciones?

Lo emprendí para ver familia y amigos..................................... 31%
Lo emprendí por razones de salud y descanso................................... 23%
Lo emprendí para distraerme y para cambiar de ambiente 35%
Lo emprendí por curiosidad y razones culturales 9%
Otros y no contesta 2%

Contestaron también a otras preguntas:

¿Con quién fuiste de vacaciones?

Fui solo..................................... 10%
Fui con familia (padres/hermanos)
.... 43%
Fui con familiares y amigos 43%
Fui en un viaje colectivo 4%

¿Dónde pasaste las vacaciones?

Las pasé en zona de playa........... 48%
Las pasé en zona de montaña 21%
Las pasé en un pueblo o en una ciudad del interior...................... 21%
Las pasé en varios lugares........... 5%
Fui al extranjero 5%

¿Cuántos días duraron tus vacaciones?

Duraron una semana o menos 8%
Duraron de 8 a 14 días 14%
Duraron de 15 a 30 días 57%
Duraron de 31 a 60 días 11%
Duraron más de 60 días.............. 10%

¿Dónde te alojaste?

Me alojé en una casa propia 42.6%
Me alojé en una casa alquilada   6.6%
Me alojé en una casa de familiares o amigos................................... 20.6%
Me alojé en un camping........... 15.5%
Me alojé en un hotel o un parador 4.7%
Otras respuestas 10.0%

¿Qué tal fue?

A menudo los hoteles y las oficinas de turismo tienen folletos sobre varias excursiones.
¿Cuál de éstas te gustaría más?

VIAJES IGNACIO

COSTA VERDE
MIÉRCOLES Y VIERNES.
RECOGIDA: EN SU HOTEL
SALIDA: DE LEÓN A LAS 8H
DESAYUNO: DE CAFÉ/CHOCOLATE CON CHURROS EN LA ROBLA
MAÑANA: PUEBLOS MARINEROS TÍPICOS
COMIDA: HOTEL 3 ESTRELLAS: PLATOS TÍPICOS MÁS VINO TINTO O SANGRÍA.

VIAJES ARREBAL

VIAJE A BARCELONA AL PARTIDO DE FÚTBOL BARCELONA/SANTANDER
24 ABRIL
SALIDA: AUTOCAR PLAZA MAYOR 08.00 H.
DESAYUNO: EN BARACALDO.
COMIDA: EN EL RESTAURANTE EL FEUDAL EN BARCELONA.
TARDE: LIBRE.
SALIDA: DE BARCELONA 21:00 H.
LLEGADA: SANTANDER 02:00 H.

AUTOCARES HERNÁNDEZ

DÍAS DE ESQUÍ
SÁBADOS Y DOMINGOS.
RECOGIDA: EN SU HOTEL.
TRANSPORTE: AUTOCAR LUJO.
DESAYUNO Y COMIDA.
2 HORAS DE CLASE.
SE PUEDE ALQUILAR BOTAS, ESQUÍS Y BASTONES. PRECIO ESPECIAL: 4.000 PTS.

Después de escoger una excursión, escribe una postal a un amigo o a una amiga, diciéndole adónde fuiste, que hiciste, etcétera.
Así se empieza:
Ayer fui de excursión. Fui a . . . .

De viaje 🔊

Escucha a esta gente que habla de su viaje al trabajo y al colegio. ¿Tiene alguien un viaje parecido al tuyo? ¿Quién tiene el viaje más difícil?

Habla a un compañero de clase de su viaje al colegio esta mañana. ¿Su viaje fue más fácil que el tuyo, o más difícil?

Ejemplo:

Tú – ¿Cómo vienes al colegio?
Tu pareja – En autocar.
Tú – Y esta mañana, ¿a qué hora saliste de casa?

 ¡Qué ideas!

Una revista española quisiera ofrecer a sus lectores algunas ideas para sus próximas vacaciones. Publicó cien ejemplos de 'lo mejor' en España:

Los españoles ¿cómo viajaron cuando salieron de vacaciones?

fueron en coche	63%
fueron en tren	15%
fueron en autocar	13%
fueron en avión	7%
fueron en barco	2%

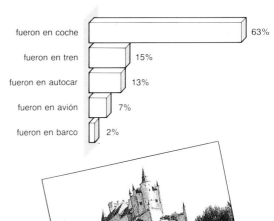

Vacaciones ¡Qué ideas!

¿Es posible señalar el mejor castillo, la mejor playa nudista, el mejor cámping o la mejor crema para el sol? Creemos que sí y, por eso, lo hemos intentado. Ahí va nuestra selección, con el único objetivo de proporcionar algunas ideas prácticas y curiosas para estas próximas vacaciones. Y que usted las disfrute bien.

① **La mejor sardina.** — La que se compra en Santurce.

② **Las mejores milhojas.** — Las que hacen en la pastelería 'Xidora'.

③ **La mejor visita arqueológica.** — La visita a las ruinas de la ciudad griega en Ampurias.

④ **El mejor paseo a pie.** — Los ocho km entre Playa d'Aro y Sant Antoni en la Costa Brava.

⑤ **La mejor excursión marítima.** — La de Palma de Mallorca al archipiélago de Cabrera.

⑥ **Los mejores langostinos.** — Los de Sanlúcar (Huelva).

⑦ **La playa más grande.** — La de Matalascañas (Huelva).

⑧ **La mejor ciudad.** — Madrid.

⑨ **El mejor sitio para acampar.** — El nacimiento del Guadalquivir.

⑩ **El mejor castillo.** — El de Segovia.

¿Sabrías tú hacer tal propaganda para tu propio país? ¿O para tu propia región o ciudad?
Puedes inventar las categorías, por ejemplo: el mejor equipo de fútbol; la mejor tienda de discos; las mejores hamburguesas.
¿Están de acuerdo contigo tus compañeros de clase?

Ahora, señala también el peor o los peores en cada categoría.

¿Y si te quedaste en casa? 📼

Desde luego, no todos los españoles van de
vacaciones. Muchos de ellos se quedan en casa. ¿Se
aburren o se divierten? Escucha a estos jóvenes que
explican cómo pasaron sus vacaciones en casa ¿Se
aburrieron o se divirtieron?

¿Me puede decir?

Holiday couriers have to answer many questions. Can
you find sensible answers for the following questions?

Ejemplo:

Tú – ¿Nos puede recomendar un restaurante
típico?

Courier – Sí, sí. En la ciudad hay uno. Es pequeño,
pero a mí me gusta mucho.

4
Los sábados los bancos están abiertos entre las nueve y las doce.

6
¿Sabe cúanto cuesta visitar el castillo?

1
El director del hotel se llama Felipe Díaz Herrera.

3
Hay varias farmacias bastante cerca.

2
Hoy vamos de excursión. ¿A qué hora llega el autocar?

2
Lo siento. Salió el autocar hace cinco minutos.

4
¿Están abiertos hoy los bancos?

7
Nos gustaría dar un paseo. ¿Cuál es el parque más bonito?

5
¿Me puede decir dónde está el comedor?

9
¿Dónde se coge el autobús para ir al centro?

7
¿El más bonito? Creo que es la Almería.

8
El palacio se construyó en el siglo dieciocho.

5
El comedor está en el primer piso.

¿Es muy antiguo el palacio?

8

¿Cómo se llama el director?

3
Necesitamos una farmacia. ¿Hay una por aquí?

9
La parada para ir al centro está enfrente del hotel.

6
Me parece que la entrada cuesta 75 pesetas.

Bienvenidos

Tu familia alquila un piso. Al llegar allí, encuentras
esta carta. Explica a tus padres lo que dice.

¡Bienvenidos!

Siento no estar para recibirles, pero me fue imposible hoy.

Creo que todo está en su sitio. Las sábanas y las toallas están en el gran armario en la habitación al lado del cuarto de baño. Hay otra llave en la mesa en el comedor.

Si tienen algún problema, llámenme - el teléfono está en la cocina.

Si necesitan comprar algo en seguida, hay un supermercado a dos minutos en la calle Mola. es la segunda a la derecha.

¿Qué hiciste?

Cada uno de estos cuadros representa algo que tú hiciste de vacaciones. Trabaja con tu pareja a ver si podéis explicaros, uno a otro, o una a otra, lo que hicisteis. Trata de dar por lo menos tres detalles.

Ejemplo:

Tú – ¿Qué hiciste?

Tu pareja – Fui a comprar helados.
Compré un helado de fresa para mí y otro de chocolate para mi hermano. Me gustan mucho los helados.

1	2	3	4
5	6	7	8
9	10	11	12

Draw a picture of your own which suggests some activity. See if your partner can find out what you did, by asking questions.

Ejemplo:

Tú – ¿Qué hice?
Tu pareja – Pues no sé. ¿Fuiste al campo?
Tú – No, no fui al campo.
Tu pareja – ¿Compraste un pato?
Tú – No, no compré un pato.
Tu pareja – Ya sé. Tomaste un baño.
Tú – Eso es. Tomé un baño y jugué con el pato en el baño.

¿Y ayer? ¿Qué tal fue?

Tu corresponsal te escribe así:

Mis compañeros de clase se interesan por saber cómo es la vida de un estudiante inglés, y no sé qué decirles. ¿Me puedes decir por ejemplo, qué hiciste ayer? Yo te mando una lista de todo lo que hice ayer ¿Puedes hacer lo mismo para mí?

¿El día de tu corresponsal se parece al tuyo? Haz tu propio horario y compara los dos.

06.45 Me desperté con dificultad, y después de unos minutos me levanté. Fui al cuarto de baño donde me duché y me lavé los dientes. Me vestí – pantalones y un jersey nuevo – y bajé a la cocina.

07.30 Desayuné bastante rápido, leche y una tostada.

07.45 Salí de casa corriendo porque la primera clase empieza a las 8.00h. Llegué con el tiempo justo.

10.50 Por fin el recreo. Fui a dar un paseo con mi amigo Manolo.

14.00 La hora de comer. Volví a casa y comimos todos juntos, mis padres, mis dos hermanos y yo. Vimos la tele durante la comida y después mi madre fregó los platos y yo hice algunos deberes.

16.00 Volví al colegio donde pasé otras dos horas. Una clase de matemáticas y otra de lengua. ¡Horroroso!

18.00 Volví a casa muy cansado, pero tuve que hacer mis deberes. Tardé dos horas en terminarlos y luego fui a dar una vuelta por ahí.

21.30 Cené y decidí acostarme.

Ahora la prueba . . .

1 Your sister has received this letter from a friend in Spain and she wants you to help her to check what Antonio is saying.

Where did Antonio go during the Easter holidays?
Did he go alone?
How long did he go for?
How did he travel and how long did the journey take?
Did he stay in a youth hostel all the time?
What did he learn to do?
Was it easy?

2 Write a reply to Miguel s letter on page 71. Your holidays can be real or imagined.

> Durante las vacaciones de Semana Santa fui a la Sierra con un grupo escolar. Pasamos allí ocho días. Fuimos en autocar y tardamos un día entero en llegar. Llegamos a Arenas muy tarde y pasamos la primera noche en un albergue juvenil. Luego fuimos a vivir con familias en el pueblo. Yo lo pasé muy bien. Aprendí a esquiar. Al principio lo encontré muy difícil y me caí a menudo, pero ahora sé hacerlo bastante bien. Y tú, ¿qué hiciste durante estas vacaciones? ¿Fuiste a algún sitio interesante o te quedaste allí? Quiero saber todos los detalles de cómo pasaste el tiempo.
>
> Un abrazo muy fuerte
>
> Antonio

3 Here are some of the questions people will ask you about what you did on holiday.
Practise with a partner until you can both answer them all. If possible, record your answers.

¿Adónde fuiste de vacaciones el año pasado?
¿Cuándo fuiste?
¿Cómo fuiste?
¿Cuánto tiempo pasaste allí?
¿Dónde te alojaste?

¿Qué hiciste durante el día?
¿Saliste mucho por la noche?
¿Fuiste de excursión?
¿Compraste algún recuerdo?
¿Conociste a muchos amigos nuevos?
¿Aprendiste a hacer algo?
¿Hiciste mucho deporte?
¿Qué tal lo pasaste?

Ahora sabes . . .

Now you know . . .

how to answer questions about where you went	¿Adónde fuiste? Fui a Cambados. Fui a casa de Montse. ¿Fuiste a la discoteca? No, me quedé en casa.
and who you went with	¿Fuiste solo/a? No, fui { con mi hermano. / con un grupo de amigos.
how to say where you stayed	¿Dónde te alojaste? ¿Te alojaste en un hotel? Me alojé en una pensión. Hice camping.
and how long you stayed	Pasé { dos semanas / unos días / dos horas } allí.
how to explain what you, and others, saw and did	¿Qué hiciste? Hice muchas cosas. Conocí a muchos amigos. Aprendieron a hacer windsurfing. Tomamos el sol. Me bañé. Fui a ver a mi amigo. Vimos a alguien que perdió su reloj en la playa. Vi a un chico que se cayó al agua cada dos minutos. Un amigo mío sacó muchas fotos. Fuimos de excursión ayer.
some words and phrases which introduce activities that happened	Ayer no salió. ¿Adónde fuiste anoche? El fin de semana pasado visitó a un amigo suyo. La semana pasada aprendió a hacer windsurfing. La compraste hace dos semanas, ¿verdad?
how to say that you had a good time	¿Qué tal fue? ¿Qué tal lo pasaste? Lo pasé muy bien.

¿Qué quieres hacer?

You and your Spanish penfriend can find out about each other's likes and dislikes by exchanging letters or tapes before you go to Spain or before your Spanish friend visits you. When you meet, you will be able to get the most out of the visit if you can discuss what you would both like to do.

By the end of this unit you will be able to:
understand a letter or message on tape from a Spanish person telling you about their interests and plans,
explain your interests and answer suggestions about activities,
discuss with a Spanish person where to go and what to do.

Si tú escribes a tu corresponsal antes de ir a España, vas a necesitar frases como éstas:

Por cierto me interesa ver la ciudad.	I am certainly interested in seeing the town.
Me gustaría mucho ir al club para jóvenes.	I would very much like to go to the youth club.
También me encanta nadar.	I also love swimming.
A veces voy a la discoteca.	Sometimes I go to the disco.
A menudo juego al fútbol.	I often play football.
¿Posiblemente podemos ver el partido?	Can we possibly watch the match?
Probablemente puedo ir.	I can probably go.
¿Sabes esquiar?	Can you ski?
Sé jugar al badminton.	I can play badminton.
Juego bastante bien.	I play quite well.
Al tenis juego mal.	I play tennis badly.

Para conocer bien estas frases, haz tu propia lista.

Ejemplo:
Por cierto me interesa ir al cine.
Me gustaría ver el partido.
Juego mal al baloncesto.

Trabaja con tu pareja para ver quién puede hacer más frases nuevas pero verdaderas en cinco minutos.

Una carta de Luisa

Joanne invitó a Luisa a pasar unas semanas en su casa durante el verano. Cuando recibe esta contestación, se pregunta lo que Luisa va a decir.

Los padres de Joanne no entienden el español, pero tienen interés por saber lo que dice Luisa.
¿Qué van a preguntar?
¿Cómo va a contestar Joanne?

Trabaja con tu pareja para hacer el papel del padre o de la madre de Joanne, y haz preguntas en inglés sobre la carta. Tu pareja hace el papel de Joanne y contesta en inglés.

Santander, 6 de mayo

Querida Joanne:

Muchas gracias por tu carta del dos de abril y por tu invitación a pasar las dos primeras semanas de agosto en tu casa. Me gustaría mucho ir. No hay problema; ciertamente puedo llegar el sábado dos de agosto. Pienso a menudo en esta visita a Inglaterra... ¡los días pasan muy lentamente!

Me preguntas qué me gustaría hacer durante mi visita; pues me interesa ver tu casa y tu ciudad y conocer a tu familia. Me gustan mucho los deportes, sobre todo la natación. Me gusta más porque vivo cerca del mar y me encanta estar en la playa. ¿Hay playas cerca de tu ciudad? ¿Sabes nadar? También me gusta jugar al tenis, pero juego mal.

A veces voy a la discoteca (una o dos veces al mes) pero de momento prefiero no ir porque necesito mi dinero para ir a Inglaterra.

Voy a llegar en avión al aeropuerto de Heathrow, probablemente por la tarde. ¿Puedes encontrarme allí? Ya tienes una foto mía. Te envío una postal que muestra la Estación Marítima. No está lejos de mi casa. Los barcos de Inglaterra llegan allí. Un día vas a venir a Santander y posiblemente vas a viajar en ferry, ¿no?

Bueno, eso es todo por ahora. Escríbeme pronto.
Cariñosamente,   Luisa.

Tengo otro amigo . . .

Tu corresponsal te ha pedido detalles de otros chicos
de tu clase porque varios amigos suyos buscan
corresponsales ingleses. Aquí está lo que tú escribiste
en español:

Nombre: *DEREK*
Apellido: *KING*
Actividad preferida: *fútbol*
Otros intereses: *deportes, gimnasia*
Música que me gusta: *reggae*
Estudios preferidos: *arte, deportes*

Nombre: *RICHARD*
Apellido: *WILLIAMS*
Actividad preferida: *pesca*
Otros intereses: *baloncesto*
Música que me gusta: *rock*
Estudios preferidos: *música, arte*

Nombre: *HELEN*
Apellido: *EDWARDS*
Actividad preferida: *leer*
Otros intereses: *cine, viajar*
Música que me gusta: *clásica*
Estudios preferidos: *español, francés.
(Sé hablar y leer estas lenguas)*

Nombre: *DARSHNA*
Apellido: *RUGHANI*
Actividad preferida: *bailar en la discoteca*
Otros intereses: *natación, leer*
Música que me gusta: *'Top 40'*
Estudios preferidos: *historia, geografía*

Nombre: *MARTIN*
Apellido: *CLARKE*
Actividad preferida: *ciclismo*
Otros intereses: *tenis, cricket*
Música que me gusta: *rock*
Estudios preferidos: *física, informática*

Nombre: *CHRISTINE*
Apellido: *JOHNSON*
Actividad preferida: *escuchar música*
Otros intereses: *equitación, dibujo*
Música que me gusta: *todos los tipos*
Estudios preferidos: *comercio, biología*

Unas semanas más tarde llegaron estos detalles de chicos españoles; ¿puedes elegir los mejores corresponsales para los seis chicos ingleses?

Vicenta Nogales

Lo que me encanta sobre todo es la música, iy más música! Salgo rara vez con mis amigas; prefiero quedarme en mi dormitorio escuchando discos o haciendo dibujos. En el colegio lo que hago bien es la mecanografía.

Felipe Santos

Me gusta la música popular. De momento toco la guitarra en un grupo, ¡pero no muy bien! Me gusta ir al campo; ¡tengo que estar solo a veces! En el colegio soy fuerte en música y trabajos manuales.

Richard

Pedro Magán

Yo soy muy deportivo. Me gusta especialmente el fútbol y el baloncesto. También me gustan muchos tipos de música: a veces escucho música del Caribe. Lo que prefiero hacer sobre todo en el colegio es la educación física y el dibujo.

MARTIN
DEREK

Estéban Argüelles

No me gusta mucho estar en el colegio; por cierto prefiero estar afuera, al aire libre. Soy bastante deportivo; me gustan todos los deportes. A menudo voy también a conciertos "rock". Mis estudios favoritos son las ciencias y la informática.

DARSHN
CHRISTINE

Juanita Serrano

Me encanta sobre todo el baile. Muchas veces salgo a discotecas con mis amigas. Me gusta toda la música popular moderna. No soy muy deportiva aunque me encanta nadar. ¿Y mis estudios? Supongo que para mí lo mejor es el comercio y la mecanografía.

HELEN

Dolores Báez

Hasta ahora he viajado poco; nunca he visto otros países, pero me gustaría ver Inglaterra, porque prefiero las lenguas en el colegio. Leo mucho y me gusta la música popular. Sé tocar el piano.

La cinta 📼

Tu profesor ha recibido una cinta de una clase española. Todos los chicos españoles han dicho lo que les gusta y lo que les interesa. Vas a oír a seis de los jóvenes españoles. Mientras escuchas la cinta, escribe las cosas que les interesan o que les gustan, así:

	Fuera del colegio	**Dentro del colegio**
Francisca	Bailar Deportes Playa Piscina	Arte Historia
Pepe		
Mercedes		
Bernardo		
Juana		
Santiago		

Ahora, escucha la cinta otra vez y trata de pensar en seis chicos de tu propia clase que pueden ser corresponsales de estos seis chicos españoles.

¿Cuál de los seis chicos sería el mejor corresponsal para tu pareja? Toma el papel del profesor español y haz estas preguntas a tu pareja:

¿Qué te gusta hacer sobre todo?
¿Qué te gusta hacer durante los fines de semana?
¿Qué te interesa más estudiar en el colegio?
¿Qué deportes haces? ¿Qué deportes te gusta ver?
¿Vas a menudo a la playa o a la piscina?
¿Eres miembro de un club para jóvenes?
¿Adónde te gustaría ir de excursión?

Consulta tus notas sobre los seis chicos españoles para ver quién sería el mejor corresponsal para tu pareja. Luego pide a tu pareja que te haga las preguntas para encontrar el mejor corresponsal para ti.

 ### *¿Qué te gustaría hacer?* 📼

Cuando estás en España tu corresponsal va a preguntarte qué quieres hacer y adónde quieres ir. Estás mirando el periódico con tu corresponsal, y éste está hablando de varios lugares donde podéis ir. Pero no indica los anuncios. ¿De qué anuncio está hablando?

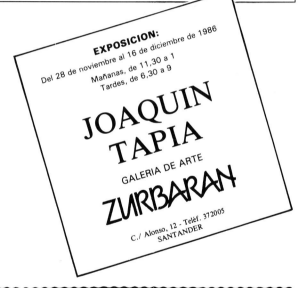

Aquí hay unas invitaciones y sugerencias que te podría hacer tu corresponsal. ¿Sabrías contestar a ellas? Elige la respuesta más apropiada por cada invitación.

1 ¿Quieres ir al cine el sábado?
2 ¿Te interesa jugar al tenis esta tarde?
3 Tengo dos entradas para el final; ¿quieres ir con nosotros?
4 Voy a casa de mi amigo Pablo, ¿me acompañas?
5 Si nos quedamos en casa, ¿prefieres ver la tele o alquilamos un vídeo?
6 El lunes próximo podemos ir en tren a Oviedo.
7 El sábado por la noche hay una fiesta en casa de Marisol.
8 Tengo que hacer unas compras para mi madre. ¿Vienes conmigo?
9 El domingo podemos ir a los toros si quieres.
10 Esta tarde vamos a tomar algo en una cafetería, ¿no?

a No, gracias, no me interesa el fútbol.
b No es una mala idea, tengo sed.
c Estupendo, así voy a conocer a otros chicos españoles.
d Sí, buena idea; me gustaría ver una película.
e Lo siento, no estoy libre el domingo. ¿Otro día, quizás?
f ¿Cómo no? Me interesaría ver las tiendas.
g Sí, pero no juego muy bien.
h Eres muy amable, me gustaría viajar en tren.
i Me es igual; las dos cosas me gustan.
j Sí, me gustaría conocerle.

Finalmente, ¿qué dirías de verdad a estas invitaciones y sugerencias de tu corresponsal?

 ¿Adónde vamos a ir?

Look at the following list of things you could do. Work with a partner. One of you takes the part of a Spanish boy or girl, and reads the list. Discuss each possibility in Spanish.

El lunes podemos ir al cine con mi mejor amigo, Paco, para ver una película de ciencia-ficción, o si prefieres los tres podemos ir a la bolera, pero yo juego muy mal.

Ejemplo:

Tú – No me interesan mucho las películas de ciencia-ficción; prefiero la bolera. Pero tú dices que juegas mal a los bolos.

Tu pareja – No importa. Si quieres ir a la bolera, vamos a ir.

El martes mis padres van a llevarnos de excursión a las cuevas o a las montañas. ¿Cuál prefieres?

WED. El miércoles hay una exposición sobre las cuevas en el museo, para un día solamente, o podemos visitar el castillo. Las dos cosas interesan a mis padres.

El jueves mis tíos nos van a visitar y quieren llevarnos a la pista de hielo o a un restaurante; tú puedes escoger.

El viernes por la noche, hay la Fiesta Especial de los Jóvenes en la discoteca. Algunos amigos míos van a ir allí; otros van a un concierto rock. ¿Con qué grupo vamos?

El sábado los miembros del equipo de fútbol nos invitan a ver un partido en el centro de deportes, pero mis hermanos menores quieren ir con nosotros al circo.

El domingo hay los toros, pero a mí me gustan poco. Si quieres, podemos ir a la playa con unos chicos de mi clase.

Now copy this diary and fill in your decisions in Spanish. The first one has been done for you.

Finally, one of you makes another diary for a week and writes in Spanish two options for each day. The other draws up a blank diary for a week. The person who has written the options reads them to the other, who chooses one for each day and writes it in his or her diary.

¿Cuándo?	¿Qué hacemos?	¿Dónde?	¿Con quién?
lunes	Jugamos a los bolos	Bolera	Paco
martes miércoles jueves viernes sábado domingo			

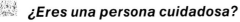

¿Eres una persona cuidadosa?

Si vas a vivir en casa de tu corresponsal y su familia, ¿vas a tratar sus cosas con cuidado? Si tienes cuidado con tus propias cosas, vas a tratar la propiedad de la familia española con respeto, y vas a ser el perfecto invitado.

Un periódico español publicó esta encuesta. ¡A ver si eres una persona cuidadosa!

Estas palabras van a ayudarte a decir con qué frecuencia haces ciertas cosas:

a veces algunas veces }	sometimes
de vez en cuando	from time to time
muchas veces a menudo }	often
siempre	always
casi siempre	nearly always
nunca	never
rara vez	rarely

Y tres frases que vas a necesitar también:

en seguida de inmediato }	immediately
de pronto	suddenly

Aquí está la encuesta:

1 ¿Llevas contigo muchas cosas inútiles: fragmentos de papel, lápices rotos, bolígrafos que no funcionan?
a Sí.　　　　*b* No.　　*c* A veces.

2 Si un compañero te pide algo prestado, como una regla o una goma, ¿puedes encontrarlo en seguida?
a De inmediato.　　*b* Después de buscarlo.
c No.

3 ¿Dejas revistas y discos por todas partes en tu dormitorio?
a Nunca.　　*b* A menudo.　　*c* Siempre

4 ¿Otras personas tienen que recoger y limpiar detrás de ti?
a Siempre.　　*b* Nunca.　　*c* Algunas veces.

5 ¿Es importante para ti una buena apariencia física?
a No.　　　　*b* Sí.　　　　*c* Casi siempre.

6 ¿Otros miembros de tu familia o compañeros de clase tienen que encontrar las cosas que necesitas?
a Rara vez.　　*b* De vez en cuando.
c Muchas veces.

7 ¿Es una silla tu sitio favorito para dejar tu ropa cuando te acuestas?
a No.　　　　*b* A veces.　　*c* Sí.

8 ¿Dejas acumular la ropa para lavar durante más de una semana?
a A menudo.　　*b* Rara vez.　　*c* Nunca.

9 Si de pronto las luces de tu casa no funcionan, ¿puedes encontrar en seguida lo que hace falta para tal emergencia: velas, linterna, etcétera?
a Sí.　　　　*b* No.　　　　*c* Quizás.

10 ¿Sigues la regla que dice 'un sitio para cada cosa y cada cosa en su sitio'?
a Estrictamente.　　*b* No.　　*c* Algunas veces.

Solución

1	a1	b4	c2
2	a4	b2·	c1
3	a4	b2	c1
4	a1	b4	c2
5	a1	b4	c3

6	a4	b3	c1
7	a1	b2	c4
8	a1	b3	c4
9	a4	b1	c2
10	a4	b1	c3

33 a 40 puntos:
¡Eres muy bien organizado! Siempre vas a ser el bienvenido en casa de tu corresponsal.

26 a 32 puntos:
Un buen resultado; eres bastante cuidadoso.

19 a 25 puntos:
No eres exactamente sucio ni perezoso, pero tienes que adoptar hábitos nuevos.

10 a 18 puntos:
Tu falta de orden puede posiblemente perturbar a la familia española. ¡Hay que cambiar rápidamente!

Ahora la prueba . . .

1 You receive this letter from a Spanish teenager. Write a reply showing you can understand it by answering the questions and suggestions it contains.

2 To prove you can discuss your interests and preferences with a Spanish person, work with a partner taking turns to ask questions and make suggestions. Give a choice for each day of the week.

Ejemplo:
El lunes, ¿qué quieres hacer? Podemos ir a la playa o visitar las cuevas.

If you don't fancy either suggestion, make another of your own. Try to give a reason for your decision.

Ejemplo:
No quiero ir a la playa; no me gusta nadar.

¡Hola!

Sólo queda un mes antes de tu llegada. Pienso en lo que podemos hacer durante tu visita aquí. Pero para planearlo bien, me gustaría saber un poco más sobre lo que te gusta hacer.

¿Qué haces normalmente en tu tiempo libre? ¿Qué deportes te interesan, para jugar o ver? ¿Eres miembro de un club para jóvenes?

Te hago preguntas porque puedes visitar nuestro club para jóvenes; también en nuestra ciudad dos discotecas y un cine. ¿Te gustaría ir al cine una noche? A mí me gustan las películas de horror, porque leo muchos libros de horror. ¿Qué te gusta leer? Las discotecas son buenas; podemos ir a una de ellas si mis padres nos dejan.

Probablemente sabes que estamos bastante cerca del mar; podemos ir muchas veces a la playa si quieres.

Tengo una gran colección de discos; todos de música popular. Hay rock, reggae, punk... ¿Qué tipo te gusta a ti? ¿Cuál es tu grupo favorito?

Una cosa más; mis padres dicen que podemos hacer una excursión en coche. ¿Adónde te gustaría ir? Podemos ir a la montaña o posiblemente a la capital. ¿Te interesan los monumentos históricos, como castillos y monasterios? Hay tantas cosas que ver y visitas.

No olvides de escribirme y dime lo que quieres hacer.
Hasta pronto,
Luis.

Ahora sabes . . .

Now you know . . .

how to understand a letter or tape from a Spanish person	¿Qué quieres hacer? ¿Qué te gustaría hacer? ¿Qué te gusta hacer durante los fines de semana/por la tarde/en tu tiempo libre? ¿Qué te interesa estudiar? ¿Qué deportes haces? ¿Vas a menudo a la playa? ¿Eres miembro de un club para jóvenes? ¿Adónde te gustaría ir? ¿Prefieres las playas o las montañas? ¿Qué te gusta leer? ¿Cuál es tu grupo favorito? ¿Qué tipo de música prefieres?
how to explain your interests and answer suggestions about activities	Me interesa ver la ciudad. Me gustan mucho los deportes. A veces voy a la discoteca. Muchas veces voy al centro de deportes. Me gustaría mucho ir al cine. Soy muy deportivo (a). Mis estudios favoritos son el español y el francés. Prefiero leer. Sí, me gustaría ir allí. Prefiero no jugar al tenis.
how to discuss with a Spanish person where to go and what to do	¿Podemos ir de excursión? ¿Puedes encontrarme allí? Podemos hacer una excursión a las cuevas. Es una cosa que hay que ver. ¿Te veo allí? ¿Quieres ir con nosotros? ¿Con qué grupo vamos? Mis padres pueden llevarnos en coche. ¿Cuál prefieres? Tú puedes escoger.

UNIDAD 9

En camino

Before you enter Spain you have to go through passport control and customs.

By the end of this unit you will be able to:
understand signs at entry-points to Spain,
answer questions the passport officer may ask
    about the purpose and length of your visit,
tell the customs officer which articles are
    yours,
answer certain questions about them.

¡Entiendo los letreros!

Cuando llegas a España tu primer contacto con la lengua española será unos letreros. Aquí están algunos, en el orden en que probablemente vas a encontrarlos. ¿Cuántos entiendes?

BIENVENIDOS

CONTROL DE PASAPORTES
COMUNIDAD EUROPEA   OTROS PAÍSES

RECOGIDA DE EQUIPAJE

ADUANA

NADA QUE DECLARAR

ARTÍCULOS PARA DECLARAR

CAMBIO

SALIDA

UNIDAD 9

Tal vez has visto semejantes letreros en inglés al volver de un viaje en el extranjero. Aquí hay unas versiones inglesas. Escríbelas en el mismo orden que los letreros españoles.

1 Customs

2 Way out

3 Passports: EC/Other countries

4 Nothing to declare

5 Welcome

6 Bureau de change

7 Baggage hall

8 Goods to declare

 En el control de pasaportes 📼

You are in charge of a group of students from an International Business School. Each student is going to stay with a different family for a different length of time. At passport control you look at your list of names and details. You listen to make sure each student gives the correct information in Spanish. But they are nervous; which students make mistakes?

 Las preguntas del oficial de pasaportes

Aquí hay unas frases útiles:

¿Dónde va Vd. a alojarse?	Where are you going to stay?
Voy a alojarme en casa de un amigo.	I'm going to stay at a friend's house.

Aquí están unas preguntas que puede hacerte el oficial de pasaportes con unas posibles respuestas. Escribe las preguntas con sus correspondientes respuestas.

1 ¿De dónde es usted?

2 ¿Cuánto tiempo va usted a quedarse en España?

3 ¿En qué fecha va usted a salir de España?

4 ¿Por qué viene usted a España?

5 ¿Dónde va usted a alojarse?

a Voy a pasar tres semanas en España.

b Voy a alojarme en el Hotel Cantabria, en Santander.

c Soy de Edimburgo.

d Voy a salir de España el ocho de septiembre.

e Estoy aquí de vacaciones.

Student	Spanish family	Address in Spain	Dates of stay
Kevin Banks (Bristol, UK)	Beceo	Recoletos 19, Santander	1/7 - 15/7
Julia Davies (Sydney, Australia)	Sánchez	Carretera de Torrelavega, 128, Santillana	1/7 - 22/7
Kerry Simpson (Scarborough, UK)	Ibarri	Vía Lozana 12, Bilbao	1/7 - 13/7
John Laski (Philadelphia, USA)	Soto	Avda. de Colón 102, Torrelavega	1/7 - 29/7
Mary McKinney (Dublin, Ireland)	Mochales	Calle de Gijón, 28 D, Oviedo	1/7 - 15/7

¡Te toca a ti!

Imagine that you are one of the people below. You
have just arrived at the Spanish frontier. The passport
official (your partner) will ask you the five questions
on page 93. Answer using the information below, then
change roles.

1   You are going to spend a month at a Spanish
friend's house in Madrid. Say where you are from. Say
that you will be leaving Spain on August 30th.

2   You are going to spend a week in a hotel in San
Sebastián with your family. Say where you are from.
Say that you will be leaving Spain on April 23rd.

En la aduana

Después del control de pasaportes, si no estás en
coche, vas a la recogida de equipajes, luego a la
aduana. Normalmente no te paran, pero el aduanero
puede hacerte unas preguntas como éstas,
especialmente si viajas en coche.

¿Tiene usted algo/ artículos que declarar?	Have you anything/ any articles to declare?
¿Tiene usted tabaco o alcohol?	Have you any tobacco or alcohol?
Ésta es su maleta/ bolsa?	Is this your suitcase/ bag?
¿Quiere usted abrirla?	Will you open it?

Para contestar, vas a necesitar frases como éstas:

Sí, es mi bolsa.	Yes, it is my bag.
Sí, ésta es mi maleta.	Yes, this is my suitcase.
No tengo alcohol ni tabaco.	I have no alcohol or tobacco.
Se me había olvidado.	I had forgotten about it.

El viajero olvidadizo

1   Aduanero – ¿Tiene usted algo que declarar?
     Viajero – No, nada.
    Aduanero – ¿Tiene tabaco o alcohol?
     Viajero – No, no fumo ni bebo.
    Aduanero – ¿Ésta es su maleta?
     Viajero – Sí, es mía.
    Aduanero – ¿Quiere usted abrirla?
El viajero abre la maleta.
     Viajero – Sólo hay unos regalos para mis
             amigos.
    Aduanero – Y, ¿qué es esto?
     Viajero – Es mi cámara.
    Aduanero – Bueno, usted puede pasar.

2   Aduanero – ¿Tiene usted artículos que declarar?
     Viajero – No, no tengo nada que declarar.
    Aduanero – ¿Tiene tabaco o alcohol?
     Viajero – No, nada.
    Aduanero – ¿Ésta es su bolsa?
     Viajero – Sí, es mía.
    Aduanero – ¿Quiere usted abrirla?
El viajero abre la bolsa.
     Viajero – Sólo hay unos regalos para mis
             amigos.
    Aduanero – Y esto, ¿qué es?
     Viajero – Son unos cigarrillos para el padre de
             mi amigo. Perdón, se me había
             olvidado.
    Aduanero – Hay que dejarlos aquí.

Now work with a partner. One of you pretends to be a traveller, the other a customs officer. The traveller writes down in Spanish on a piece of paper one of the items below. This represents an item in his or her suitcase or bag. It could be:

my camera,
my personal stereo,
my radio,
some cigarettes for my friend's father,
a small bottle of cognac for my friend's mother,
some cigars for my father.

Fold the paper so that the customs officer can't see what you have written. Now act out three dialogues using sentences from the dialogues on page 94.

The customs officer starts with three points. In each dialogue, the customs officer can choose whether to ask the traveller to open the suitcase or bag (the piece of paper) or not. If not, he says, **Bueno, usted puede pasar**. In this case, if the traveller has written an item with alcohol or tobacco, the customs officer loses a point. But if the officer asks for the suitcase or bag to be opened and an item with alcohol or tobacco is discovered, he or she wins a point.

Change round after three minutes and see who has most points when you have both had a turn at being the officer.

En el autocar

Imagine that you are working as a courier, accompanying a group of tourists travelling by coach. When you reach the Spanish frontier, you find that the customs officers have decided to inspect all the luggage. You listen to ensure that the customs officers treat the tourists well.

Listen to the tape and decide how many tourists are treated well.

The travel company you work for has made a survey about the Customs. Listen to the tape again and write the answers to these questions:

1 How many tourists had to open their luggage?
2 How many tourists had left their luggage in the coach?
3 How many tourists had no suitcases, only bags?
4 How many tourists were asked if they had any alcohol or tobacco?

ADUANA - NADA QUE DECLARAR

Le digo que no tengo nada que declarar; soy importador de maletas.

 ¡Me parece caro!

En los aeropuertos y otros lugares fronterizos hay tiendas de recuerdos. En estas tiendas hay muchas cosas típicas de España, ¡pero no son siempre muy baratas!

Algunas veces es necesario preguntar al tendero si tiene algo más barato, y hay que decir cosas como éstas:

Ejemplos:

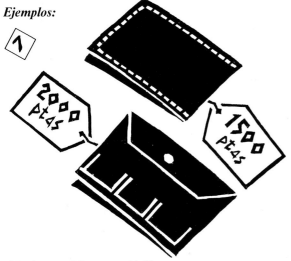

Turista — Me gusta el billetero, pero me parece caro.

Tendero — Tengo otro billetero más barato; vale mil quinientas pesetas.

Turista — Me gustan los zapatos, pero me parecen caros.

Tendero — Tengo otros zapatos más baratos; valen mil cuatrocientas pesetas.

Turista — Me gusta la camiseta, pero me parece caro.

Tendero — Tengo otra camiseta, más barata; vale ochocientas pesetas.

Turista — Me gustan las postales, pero me parecen caras.

Tendero — Tengo otras postales más baratas; valen ciento cincuenta pesetas.

Ahora trabaja con tu pareja para hacer semejantes diálogos:

Ahora la prueba . . .

1 To prove you can do all this, imagine that you are accompanying a group of Spanish visitors who are entering your country. You need to explain to them in Spanish what each of these signs means:

a Passport control: EC countries
                                      Other countries
b To baggage reclaim
c Customs
d Articles to declare
e Nothing to declare
f Exit
g Welcome!

2 When you arrive in Spain, show you can understand what is said to you and make yourself understood by completing the **tú** part of this dialogue. Then act it out with your partner.

Oficial – ¿Cuánto tiempo va usted a quedarse en España?
Tú – *(Say you are going to stay two weeks.)*
Oficial – ¿En qué fecha va usted a salir de España?
Tú – *(Say you are going to leave on the fifth of September.)*
Oficial – ¿Por qué viene usted a España?
Tú – *(Say you are on holiday.)*
Oficial – ¿Dónde va usted a alojarse? ·
Tú – *(Say you are going to stay with the Díaz family, in the Calle de San Martín, Santander.)*
Oficial – Muy bien. Usted puede pasar.
Tú – *(Say thank you.)*
....
Aduanero – Buenos días. ¿Tiene usted algo que declarar?
Tú – *(Say no, nothing.)*
Aduanero – ¿Ésta es su maleta?
Tú – *(Say yes, it is your suitcase.)*
Aduanero – ¿Quiere usted abrirla, por favor?
Tú – *(Say yes, and add that it contains your clothes, magazines and radio.)*
Aduanero – Muy bien, gracias. Usted puede . . . ¡Un momento! ¿No tiene usted una bolsa también?
Tú – *(Say yes, the brown bag is yours.)*
Aduanero – ¿Tiene usted tabaco o alcohol en la bolsa?
Tú – *(Say no, you don't smoke or drink.)*
Aduanero – Gracias, buen viaje.
Tú – *(Say thank you and goodbye.)*

Ahora sabes . . .

Now you know

how to understand signs at entry points to Spain	Bienvenidos a España Aduana Pasaportes: CE / Otros países Recogida de equipajes Nada que declarar Artículos para declarar Salida
how to understand questions at passport control	¿De dónde es usted? ¿Cuánto tiempo va usted a quedarse en España? ¿En qué fecha va usted a salir de España? ¿Por qué viene usted a España? ¿Dónde va usted a alojarse?
how to answer questions at passport control	Soy de Birmingham. Voy a pasar tres semanas en España. Voy a alojarme en el Hotel Cantabria. Voy a salir el veinte de junio. Soy turista. Estoy aquí de vacaciones. Voy a alojarme con mi amigo Juan. Voy a alojarme en el hotel Miramar.
how to understand questions put by a customs officer	¿Tiene usted algo / artículos que declarar? ¿Tiene usted tabaco o alcohol? ¿Ésta es su maleta / bolsa? ¿Qué hay en su maleta? ¿Quiere usted abrirla por favor?
how to answer the customs officer's questions	No tengo nada que declarar. No tengo alcohol ni tabaco. Ésta es mi maleta / bolsa. Hay mi ropa, mis libros . . . Mi maleta está en el porta-equipajes.

En la estación de servicio

To drive a car in Spain you must be 18 or over, and foreign drivers must have an international driving licence. The minimum age for hiring a car is usually 21. You may not be old enough to drive yet, but in the meantime, adults will be glad of your help.

By the end of this unit you will be able to:
buy petrol or diesel at a service-station,
ask the attendant to check items on the car,
find out about other services,
ask the attendant about your route,
buy drinks, snacks, ice creams or sweets.

Comprando gasolina o gasoil

In Spain there are two grades of petrol (**gasolina**): **normal** (two-star) and **súper** (four-star).

For some cars and vans, and for coaches, you need diesel (**gasoil**).

Aquí tienes las frases más útiles para comprar gasolina o gasoil:

Llénelo de normal, por favor.	Fill it up with two-star, please.
¿Me da 25 litros de normal?	Can you give me 25 litres of two-star?
Deme 20 litros de súper.	Give me 20 litres of four-star.
Póngame 40 litros de gasoil.	Put in 40 litres of diesel.
Deme súper hasta mil pesetas.	Give me 1,000 pesetas-worth of four-star.

🔊 Escucha estos diálogos. ¿Qué pide cada cliente? ¿Cuánto cuesta la súper por litro? ¿Y cuánto cuesta la normal?

Ahora túrnate con tu pareja para hacer semejantes
diálogos, usando estos dibujos:

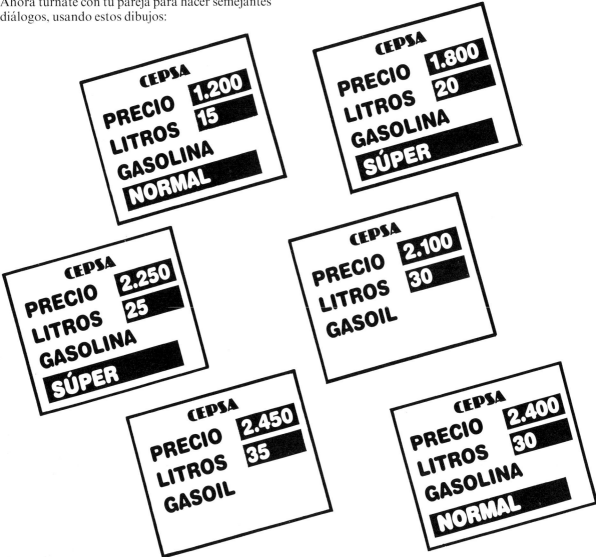

CEPSA
PRECIO 1.200
LITROS 15
GASOLINA
NORMAL

CEPSA
PRECIO 1.800
LITROS 20
GASOLINA
SÚPER

CEPSA
PRECIO 2.250
LITROS 25
GASOLINA
SÚPER

CEPSA
PRECIO 2.100
LITROS 30
GASOIL

CEPSA
PRECIO 2.450
LITROS 35
GASOIL

CEPSA
PRECIO 2.400
LITROS 30
GASOLINA
NORMAL

¿No hay un error?

En las estaciones de servicio los empleados hacen a
veces errores. Mientras esperas tu turno escuchas a los
empleados para asegurarte que puedes entender lo
que dicen. Notas que algunas veces hacen errores. Y
en algunos casos sabes por qué . . .
¿Por qué hace un error este empleado?

CEPSA
PRECIO 2.700
LITROS 30
GASOLINA
SÚPER

Ejemplo:

Cliente – 30 litros de súper.
Empleado – Sí, señor. Vamos a ver, son ochenta
pesetas por litro, total 2.400 pesetas.
Cliente – ¿No hay un error?
Empleado – Oh, ¡súper! Perdón, debe ser 2.700
pesetas.

Mira estos dibujos y escucha la cinta. ¿Cuáles empleados no dicen el mismo total que en el dibujo?

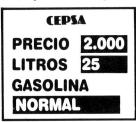

CEPSA		CEPSA	
PRECIO	2.340	PRECIO	2.000
LITROS	26	LITROS	25
GASOLINA		GASOLINA	
SÚPER		NORMAL	

CEPSA		CEPSA	
PRECIO	2.240	PRECIO	1.800
LITROS	32	LITROS	20
GASOIL		GASOLINA	
		SÚPER	

Luego escucha la cinta otra vez, y cuando hay un error, di el total correcto.

¿Puede usted comprobarlo?

Can you check it please?
On long journeys cars need careful checking: in particular the oil, water, tyres and battery. The windscreen will probably need cleaning. And passengers need toilets.

Aquí tienes unas frases útiles:

¿Puede usted comprobar el aceite?	Can you check the oil?
Compruebe los neumáticos, por favor.	Check the tyres, please.
Mire el agua, por favor.	Look at the water, please.
Limpie el parabrisas, por favor.	Clean the windscreen, please.
Haga el favor de comprobar la batería.	Please check the battery.
¿Compruebo el agua?	Shall I check the water?
¿Dónde están los servicios?	Where are the toilets?

Y también . . .

In this dialogue the motorist thinks at first that he needs only three things. What are they? Then the attendant suggests another thing to check . . .

Automovilista	–	Treinta litros de súper, por favor.
Empleado	–	Muy bien. ¿Algo más?
Automovilista	–	¿Puede usted comprobar el agua?
Empleado	–	Sí, en seguida.
Automovilista	–	Gracias. ¿Dónde están los servicios?
Empleado	–	Suba la escalera . . . Eh, señor, ¿compruebo el aceite también?
Automovilista	–	Oh . . . sí. Haga el favor de mirar el aceite, entonces.
Empleado	–	Sí, señor.

Túrnate con tu pareja para hacer semejantes diálogos. El automovilista escoge uno o dos de los dibujos, compra gasolina, y explica lo que quiere. Pero el empleado puede preguntar si tiene que comprobar otra cosa.

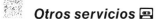

Otros servicios 📼

Mira estos letreros. ¿Qué significan?

AGUA

AIRE

CALLE
LA LLAMA

ENGRASES

LAVADO AUTOMATICO

CAMBIOS DE ACEITES

PETROLEADOS

NEUMATICOS

. VENTA

. MONTAJE

. REPARACION

. EQUILIBRADO

ACEITES LUBRICANTES

Escucha los diálogos en la estación de servicio. ¿Qué diálogo corresponde a qué letrero?

Estas frases van a ser útiles:

Tengo el parabrisas roto.	I've got a broken windscreen.
Necesito aire para los neumáticos.	I need air for the tyres.
¿Hay lavado de coches?	Is there a carwash?
¿Cuánto tiempo se tarda en hacerlo?	How long does it take to do it?
¿Hay servicio de reparación de pinchazos?	Do you have a puncture repair service?
¿Puede usted ponerme más agua en el radiador?	Could you put some more water in the radiator?
¿Le/la ayudo?	Shall I help you?
Hace falta cambiarlo.	It needs to be changed.
Está libre.	It's unoccupied.
Hay que pedir la llave.	You have to ask for the key.

PARABRISAS

Ahora indica uno de los seis símbolos en la página 101 a tu pareja y pídele que haga el papel del automovilista. Tiene que hacerte una pregunta apropiada y tú vas a hacer el papel del empleado. Después de tres diálogos así, cambiad de papeles.

Ejemplo:
Dibujo número uno:
Automovilista – Perdone. Tengo un problema; un parabrisas roto. ¿Se puede reparar aquí?
Empleado – Lo siento, no se puede reparar aquí. ¿Qué marca de coche es?
Automovilista – Es un Ford.
Empleado – Hay que ir al Garaje Ford, en la calle de San Miguel.
Automovilista – Gracias.

¿Cuál es la mejor carretera?

Mientras estás en la estación de servicio tienes la oportunidad de hacer preguntas al empleado sobre tu ruta, si no estás seguro(a).

Aquí tienes unas preguntas que puedes hacer:

¿Cuál es la mejor carretera para . . .?	Which is the best road for . . .?
¿Cuál es la ruta más fácil?	Which is the easiest route?
¿A qué distancia está . . .?	How far is it to . . .?
¿A cuántos kilómetros está . . .?	How many kilometres is it to . . .?

Y unas respuestas que te puede decir el empleado:

Usted tiene que tomar la carretera de . . .	You must take the road to . . .
Hay que seguir hasta . . .	You must continue as far as . . .
Lo mejor sería . . .	The best thing would be . . .

Estamos en una estación de servicio en Santander. Queremos ir a Santillana:

Automovilista – Por favor, ¿cuál es la mejor carretera para Santillana?
Empleado – Primero, hay que ir a Barreda. Usted puede tomar la autopista, o la carretera de Torrelavega, pasando por Oruña. En Barreda, usted tiene que tomar la carretera de Santillana.
Automovilista – Muchas gracias.
Empleado – De nada, adiós.

Mira el mapa. Trabaja con tu pareja para hacer semejantes diálogos describiendo las siguientes rutas:
1 De Torrelavega a Santander.
2 Del aeropuerto a Torrelavega.
3 De las cuevas de Altamira a Suances.
4 De Liencres a Santander.

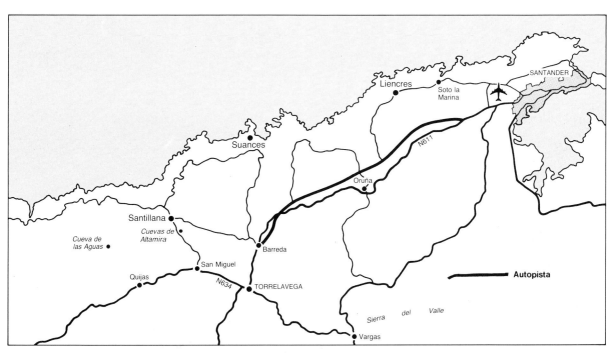

Problemas en la carretera

Una ruta puede parecer fácil según el mapa, pero en realidad puede haber problemas. ¿Qué significan estos letreros? Discútelas en inglés con tu pareja.

CARRETERA CERRADA

ALTO OBRAS

DESVÍO ➡

PUERTO DE PAJARES CERRADO

ZONA AZUL

CAÍDA DE PIEDRAS

PELIGRO DE HIELO

RUTA NO RECOMENDADA PARA CARAVANAS

Muchas veces los empleados de las estaciones de servicio están al corriente de problemas en tu ruta. Utilizan frases como éstas:

La carretera se encuentra cortada / cerrada.	The road is blocked / closed.
por nieve / hielo / obras	because of snow / ice / roadworks
entre Santander y Torrelavega	between Santander and Torrelavega
a partir del domingo	starting from Sunday
Hay un peso limitado / un desvío.	There's a weight limit / diversion.
Hay mucho tráfico.	There's a lot of traffic.
Es difícil estacionar.	It's difficult to park.
Hay que dejar mucho tiempo.	You must allow plenty of time.
Ustedes tienen que pasar por . . .	You must go through . . .

El empleado explica

⊞ En una estación de servicio española, entran varios turistas extranjeros que hacen preguntas sobre su ruta, pero que no entienden las explicaciones del empleado.

Escucha la cinta una vez. ¿Cuáles de las explicaciones corresponden a cuáles de los dibujos?

Escucha la cinta otra vez. Esta vez, explica a un turista que habla inglés (tu pareja) lo que dice el empleado. ¿Qué problema menciona? ¿Da algún consejo?

El boletín de automovilismo

Other ways of finding out about road conditions on
your route are by listening to radio bulletins and
reading road reports in the newspapers. Here is a
road report which appeared in a Spanish national
newspaper.
Could you help non Spanish-speaking travellers on
these routes who ask the following questions about
this report?

1 In Seville province, why can you not go direct from
  Alcalá de Guadaira to El Araal?
2 Why would it be best not to drive on the N-122 in
  Soria province in the afternoon?
3 Between which towns on the N-634 does a
  problem occur?
4 Which vehicles are affected by this problem?
5 Through which village are these vehicles diverted?
6 What must you do to get further information?

CARRETERAS

En Sevilla se encuentra
cerrado por obras el tramo
entre Alcalá de Guadaira y
El Araal en la N-334. En Soria,
la N-122 de Zaragoza a Soria
sufrirá cortes intermitentes de
una hora (por voladuras)
entre las 15.00 y 18.00 horas a
partir del lunes. En Asturias,
la N-634 de Santander a Gijón
tiene limitado el peso a 3
toneladas en el Km. 129 entre
Llovio y Rivadesella; desvío
por Piñeres. Información en el
☎(91) 441 72 22.

Lo que hicimos

When you return to Santander after your trip, your
parents fill up the car with petrol. The petrol-pump
attendant asks what you did during your trip. You
look at your diary to remind yourself. Here is part of
your diary and part of the dialogue with the attendant.
Read the diary and complete the dialogue in Spanish
with your partner.

Take turns with your partner to play the part of the
attendant.

Empleado – Ustedes son turistas, ¿verdad?
Tú – Sí, estamos aquí de vacaciones.
Empleado – ¿Han estado mucho tiempo en España?
Tú – Sí, salimos de Plymouth el veintisiete de
julio.
Empleado – Y ¿llegaron Vds. el mismo día?
Tú – No,...........................
Empleado – Y luego, ¿qué hicieron?
Tú – ....
Empleado – ¿Cuántos días pasaron en los Picos de
Europa, pues?
Tú – ....
Empleado – ¿Y ahora adónde van?
Tú – Vamos a pasar diez días en Galicia.
Empleado – ¡Buen viaje, pues! Oh, hay que pagar la
gasolina . . .

La postal

Antes de empezar la segunda parte de tu viaje (una
semana en Galicia), decides enviar una postal a una
amiga española en Málaga. Describes lo que hiciste,
usando el mismo diario. Empiezas así:

> Santander, 6 de agosto, de 1988
> Amiga Mari Carmen:
> Llegué a Santander el día 28, y
> visité la ciudad. El día 30...

Continúa diciendo lo que hiciste.

JULY
Week 30
Monday 25
Tuesday 26
Wednesday 27 — Left Plymouth.
Thursday 28 — Arrived Santander
Friday 29 — Looked round Santander. Big city but pleasant.
Saturday 30 — Drove to Ribadesella. Visited Tito Bustillo cave. Stayed in hotel.
Sunday 31 — Went to the Parador at Pajares in the Picos de Europa.

AUGUST Week 31
Monday 1
Tuesday 2
Wednesday 3
Thursday 4
Friday 5
Saturday 6 — Drove back to Santander.
Sunday 7

Skiing in the Picos de Europa – fab!

105

Ayudando a hacer preguntas

¿Puedes ayudar a unos automovilistas de habla inglesa que buscan información en la estación de servicio? Te explican lo que quieren preguntar al empleado:

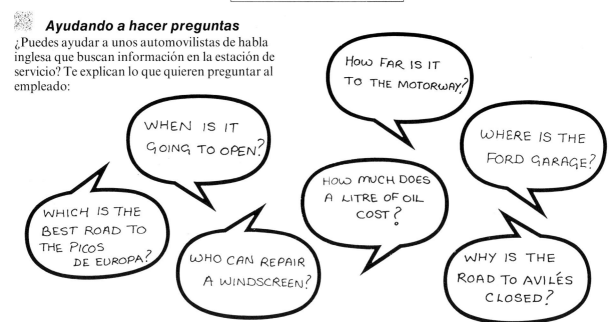

¿Tienes hambre? ¿Tienes sed?

Si quieres comer (tienes hambre) o si quieres beber (tienes sed), puedes comprar algo de beber o de comer en las estaciones de servicio, sobre todo en las áreas de servicio de las autopistas, donde hay restaurantes o cafeterías.

Cliente – Buenos días.
Empleado – Buenos días, señor.
Cliente – Tengo mucha hambre, ¿qué tiene usted de comer?

Empleado – Hay chocolate, caramelos, galletas, bocadillos . . .
Cliente – Deme una tableta de chocolate y dos paquetes de galletas. ¿Cuánto es?
Empleado – Son ciento ochenta pesetas.
Cliente – Tenga.
Empleado – Gracias. Adiós, buen viaje.

Tengo mucha hambre . . .

Compras algo de beber y de comer en la estación de servicio, y como has hecho un viaje bastante largo, explicas cómo te sientes. Necesitas estas frases:

Tengo hambre	Tengo mucha hambre
Tengo sed	Tengo mucha sed

En estos casos, ¿qué frase empleas?

Ejemplo:

Tengo sed.   Tengo mucha hambre.

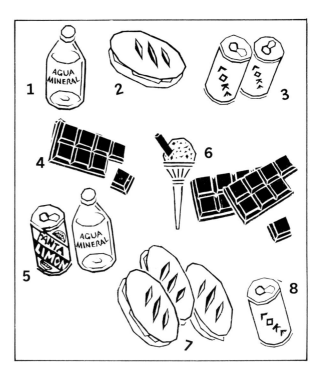

Ahora la prueba . . .

1 Now you can ask for a variety of services in a service station. Prove this by helping two motorists who speak no Spanish. They have jotted down in English the things they need. Ask your partner to play the part of the garage attendant in the first one, then you play the part of the garage attendant in the second one.

> 30 litres 4 star petrol
> 1 litre oil.
> Check water.
> Buy sweets and coke for
> the Kids. also toilets!!
> Ask for best route to Oviedo

> Fill up with 2-star.
> Check battery. Air in tyres.
> Clean windscreen.
> Sandwiches, lemonade.
> Ask how far motorway is.

2 The motorists are also anxious to know what these signs mean in English. Can you tell them?

LAVADO AUTOMÁTICO

NEUMÁTICOS

CAMBIO DE ACEITE

PARABRISAS

REPARACIÓN DE PINCHAZOS

Ahora sabes . . .

Now you know . . .

how to buy fuel at a service station	Llénelo, por favor. ¿Me da 25 litros de súper? Deme normal hasta dos mil pesetas. Póngame 40 litros de gasoil. ¿No hay un error? Debe ser 2.700 pesetas.
how to ask the attendant to check items on the car	¿Puede usted comprobar el aceite? Compruebe los neumáticos, por favor. Mire el agua. Limpie el parabrisas. Haga el favor de comprobar la batería. Tengo un problema con mi coche.
how to find out about other services	¿Dónde están los servicios? ¿Hay lavado de coches? ¿Cuánto tiempo se tarda en hacerlo? Necesito aire. Tengo el parabrisas roto. Este neumático tiene un pinchazo. ¿Se puede reparar aquí?
how to ask the attendant about your route and understand his replies	¿Cuál es la mejor carretera para Santander? ¿Cuál es la ruta más fácil? ¿A qué distancia / A cuántos kilómetros está? Tiene que tomar la carretera de Gijón. Hay que seguir hasta Santillana. Lo mejor sería tomar la autopista. La carretera se encuentra cortada / cerrada por nieve / hielo / obras entre Santander y Torrelavega. Hay un peso limitado. Es difícil estacionar. Hay que dejar mucho tiempo. Hay mucho tráfico.
how to understand signs in the service station	Parabrisas Servicio de aire Cambio de aceite Lavado automático Reparación de pinchazos

Unidad 1

Primera parte: lo

Here are some examples of **lo** taken from the first unit:

Lo bueno es que la bahía es muy bonita.
Lo importante es que está cerca.
Lo malo de Santander es el tráfico.

How would you translate **lo**?
Normally **lo** used in this way means 'the . . . thing', e.g.
The good thing is that the bay is very pretty.

What have **bueno**, **malo** and **importante** got in common?
1 They are all adjectives.
2 They are all written in the form in which they appear in the dictionary (the masculine singular).

Here is the Spanish for 'easy', 'difficult' and 'amusing':
fácil, difícil and **divertido.**

Primer ejercicio
How would you say these phrases in Spanish?
1 The easy thing is . . .
2 The difficult thing is . . .
3 The amusing thing is . . .
Check your answers by looking at the table below, where these three expressions are used.

Segundo ejercicio
Using the following table, make up as many correct sentences as you can to describe your town. Read the sentences to your partner and see if he or she agrees.

| Lo | bueno
malo
interesante
importante
fácil
difícil
divertido
mejor
peor | es que | hay muchos autobuses
hay museos y cines
hay muchas fábricas
hay pocas fábricas
está cerca de la costa
está lejos de la costa
las calles son modernas
el centro es antiguo
vivo cerca de las tiendas
hay más bares que tiendas |

Segunda parte: más que, menos que

As well as being able to describe things, it is useful to know how to compare one thing with another.
Look at these examples of comparisons:

Laredo es *más* turístico que San Vicente.
Santander es *más* grande que Santillana.
Santander es *menos* típico que Santoña.

The words to use are:
 más = more
 menos = less
 que = than

Primer ejercicio
Complete the following using **más** (+) or **menos** (−):

1 Santander es . . . grande que Madrid. (−)
2 Santander es . . . importante que Laredo. (+)
3 Castro Urdiales es . . . bonito que Bilbao. (+)
4 Santoña es . . . pequeño que Málaga. (+)
5 Santander es . . . típico que Santillana. (−)

Segundo ejercicio
Your penfriend asks you some questions about England. Answer his questions using **más . . . que** or **menos . . . que**.

Ejemplo:
¿Cuál es más grande, Londres o Mánchester?
Londres es más grande que Mánchester.

1 ¿Cuál es más grande, Oxford o Birmingham?
2 ¿Cuál es más bonita, Stratford-upon-Avon o Wolverhampton?
3 ¿Hay menos habitantes en el norte de Inglaterra que en el sur?
4 ¿Dónde hay más sol, España o Inglaterra?
5 ¿Es mas barato vivir en Inglaterra que en España?
6 ¿Hay más habitantes en tu pueblo que hay en Santander?

Unidad 2

Primera parte: mi, tu, su . . .

In Miguel's letter on page 22 you will find these examples of 'my', 'your' and 'his':

Quieres saber algo de **mi** familia.
Gracias por **tu** amable carta.
Su granja está bastante cerca.

Do you remember how the adjectives **mi**, **tu** and **su** ('my', 'your', 'his', 'her', 'its') change when the noun that follows is plural? You simply add an 's'. Look at these examples, taken from Luisa's letter on page 24:

Mis padres tienen el dormitorio grande.
Dime cómo son **tus** animales.
Tiene dos librerías, un estéreo y **sus** discos.

Primer ejercicio

Fill in the gaps in the following exercise to show that you have clearly understood the adjectives so far. Luisa is talking to someone her age (i.e. use the **tu** form for 'your').

Amiga	–	Luisa, ¿dónde está .... piso?
Luisa	–	.... piso está en el centro de Santander en el Paseo de Pereda.
Amiga	–	¿Dónde trabajan .... padres?
Luisa	–	.... padres trabajan aquí en Santander. .... padre es empleado de oficina. .... oficina está cerca. Y ....madre trabaja en un hospital.
Amiga	–	¿Dónde está .... colegio?
Luisa	–	Está bastante cerca también.

Now look at these examples of adjectives meaning 'our' and 'your'. What difference do you notice?

Nuestros tíos tienen dos hijos.
Nuestro piso está en el sexto piso.
Nuestra habitación es grande también.
Nuestras primas viven en Torrelavega.
¿Cuántos años tienen **vuestros** primos?
¿Cómo es **vuestra** habitación?
¿Cómo es **vuestro** piso?
¿**Vuestras** primas viven aquí?

Comparing these examples with **mi/mis**, **tu/tus**, **su/sus**, you can see not only that these adjectives add an **s** if the thing that follows is plural, but that they also change from the masculine **o** to the feminine **a** if the thing that follows is feminine.

In other words, **nuestro** and **vuestro** change in exactly the same way as an adjective like **bonito**.

Este piso es bonit**o**.
La casa es bonit**a**.
Me parece que estos pisos son muy bonit**os**.
Estas casas son bonit**as**, ¿verdad?

Segundo ejercicio

Two unpleasant children are boasting to their neighbours that their house is better than their neighbours'. Here is an example of their claims:

Vuestra casa es pequeña. Nuestra casa es más grande.
En vuestro dormitorio hay una radio. En nuestro dormitorio hay una televisión.

Look at the pictures below and make up some equally unpleasant boasts.

Vuestra casa   *Nuestra casa*

The last adjective we need to look at has a variety of meanings, some of which we have seen already. Look at these examples and find as many meanings as you can for the words **su** and **sus**.

1 ¿Dónde está el piso de Andrés? **Su** piso está en la calle de Madrid.
2 ¿Cómo es la casa de Isabel? **Su** casa es antigua.
3 ¿Cómo son los dormitorios? **Sus** dormitorios son grandes.
4 Quiero comprar un regalo para mi padre. ¿Qué le gusta a **su** padre?
5 Queremos comprar regalos para nuestros amigos. ¿Cómo son **sus** amigos?
6 Andrés e Isabel viven en el mismo barrio. ¿Cómo es **su** barrio?

Su/sus can mean:
1 his
2 her
3 its
4 your (using **usted**)
5 your (using **ustedes**)
6 their

Don't forget: **su** and **sus** can mean 'his', 'her', 'its', as well as meaning 'their' when using the **usted** / **ustedes** form of you / your. The adjective changes according to what follows it.

Tercer ejercicio
Imagine you are describing your best friend and his or her family. Use the table below to make up sentences about them.

Su Sus	casa está en el campo. jardín es muy bonito. muebles son muy modernos. terraza es muy larga. pinturas valen millones. coche es un Mercedes. abuelos viven con ellos. abuelo es muy amable. amigos vienen a visitarles a menudo. fiestas en casa son muy divertidas.

Cuarto ejercicio
Your parents have invited some Spanish friends to stay at your house. Ask them five questions about their house. (You have to use the polite **usted** form of the verb.) Your partner gives suitable answers.

Ejemplo:
– ¿Dónde está su casa?
– Nuestra casa está a dos kilómetros del centro.
– ¿Cómo es su casa?
– Nuestra casa es moderna.
– ¿Qué hay en su salón?
– En nuestro salón hay un sofá, unas butacas . . .

By now you should be able to fill in the table below:

masc. singular	fem. singular	masc. plural	fem. plural	
(padre)	(madre)	(tíos)	(abuelas)	
mi		mis		*my*
	tu			*your*
su				{ *his/her/its/* *your (**usted**)*
			nuestras	*our*
	vuestra			*your*
		sus		{ *their/your* *(**ustedes**)*

Segunda parte: usted and ustedes

You meet a Spanish boy who asks you a few simple questions:

¿Cómo te llamas?
¿De dónde eres?
¿Dónde vives?

You hear a man questioning a stranger he meets on a train:

¿Cómo se llama usted?
¿De dónde es usted?
¿Dónde vive usted?

Looking at the two sets of questions, you can see that they mean exactly the same. Why then are they expressed in a different way? The reason is that in Spanish there are two ways of saying 'you' in the singular.
Tú is used when you are talking to a relative, a young person, someone you know well, or a pet.
Usted is used when you are talking to someone much older, a stranger, or someone to whom you have to show respect.

Primer ejercicio

Match up the following. Who is likely to have said what?

1	Pablo, ¿vienes a la playa?	**a**	dependienta
2	¿Quieres venir a comer?	**b**	recepcionista
3	¿Me vas a ayudar en el jardín?	**c**	amigo
4	¿Quiere usted pasar?	**d**	policía
5	Usted no puede aparcar el coche aquí.	**e**	madre
6	¿Qué quiere usted?	**f**	padre

Look back at the two sets of questions at the top of the page. What two differences do you notice between the different ways of asking those questions?

1 The verb endings are different. The **usted** form uses the 'he', 'she', 'it' endings of the verb.

Ejemplo:

¿Dónde vive usted?
Miguel vive en Salamanca.

2 The **usted** form usually has an extra word – **usted**. There are two reasons for this:
– it makes it sound more formal, polite.
– it avoids confusion caused by 'sharing' its verb ending with 'he', 'she', 'it'.

Segundo ejercicio

A journalist is asking a businessman some questions about himself and where he lives. Here are the answers which the businessman gave. What were the questions?

Ejemplo:

– ¿Dónde vive usted?
– Vivo en Madrid.

1	– No, no vivo en el centro, vivo en las afueras.
2	– Sí, trabajo en el centro.
3	– No vivo en un piso, vivo en una casa.
4	– Tengo cuatro hijos.
5	– Los fines de semana voy a la montaña.
6	– Sí, practico muchos deportes: el tenis, el hockey.

Now work out what the questions would have been if the journalist had been talking to someone he knew in the office.

We have seen that **usted** uses the 'he', 'she', 'it' form of the verb. If you compare the dialogues on pages 22 and 23 you will see another way in which the use of **usted** affects the sentence. Compare the way 'your' is translated on page 22: **su padre**, **su madre**, **sus abuelos**, with the way it is translated on page 23: **tus abuelas**, **tu tía**, **tus primos**.

Why is 'your' translated differently?
When you use the **usted** form of 'you', the word for 'your' goes into the 'his / her / its' form, (**su / sus**), just as the verb ending goes into the 'he / she / it' form.

Ejemplo:

¿Cuántas personas tiene usted en su fábrica?
How many people have you got in your factory?
¿Cuántas personas tiene Miguel en su fábrica?
How many people has Miguel got in his factory?

Tercer ejercicio

A Spanish teacher on the exchange comes to visit you and asks questions about you and your house and family. To give you practice in speaking Spanish, she encourages you to ask her questions.

Ejemplo:

¿Tiene usted jardín en su casa?

Unfortunately the story doesn't rest here. The Spanish not only have two forms for the singular 'you' but they also have two forms for the plural 'you'.
Vosotros is the plural of **tú**.
Ustedes is the plural of **usted**.

A SER DETECTIVE

Cuarto ejercicio
Match up the following questions and responses:

Ejemplo:
¿Tienen ustedes sus pasaportes?
Sí, señor. Aquí tiene usted.

1 ¿Vais al cine con nosotros?
2 ¿Saben ustedes el nombre de la calle?
3 ¿Llegáis a qué hora?
4 ¿Quieren ustedes una mesa para cuatro?
5 ¿Cómo se llaman ustedes?
6 ¿Coméis en casa?

a Sí, se llama calle Espronceda.
b A las ocho y diez.
c Para cinco, por favor, cerca de la ventana.
d Sí. ¿A qué hora empieza la película?
e González. Tiene nuestra habitación.
f No mamá, vamos a un bar.

Quinto ejercicio
Imagine the questions below were put to some friends. How would you have to alter them in order to ask some people you didn't know well?

Ejemplo:
¿Vivís en Málaga? ¿Viven ustedes en Málaga?

1 ¿Trabajáis allí, en Málaga?
2 ¿Tenéis muchos amigos allí?
3 ¿Qué hacéis los fines de semana?
4 ¿Adónde vais?
5 ¿Qué hay en vuestro pueblo?
6 ¿Vuestras tiendas son grandes?
7 ¿Y dónde está vuestra casa?
8 ¿Hay un cine en vuestro pueblo?
9 ¿Y vuestra oficina está en el centro?

We saw earlier that when you use the **usted** form, you normally say the word **usted**. Now look what happens to this word in the following dialogue:

Tendero – Buenos días.
Cliente – Buenos días.
Tendero – ¿Qué quiere usted?
Cliente – ¿Tiene usted manzanas?
Tendero – Sí, señor, ¿cuántas quiere?
Cliente – Un kilo.
Tendero – ¿Desea algo más?
Cliente – Sí. ¿Tiene peras?
Tendero – No, señor, lo siento.
Cliente – ¿Cuánto es?
Tendero – 80 pesetas.
Cliente – Gracias.
Tendero – A usted.

There are three places where **usted** could have been used but wasn't. Where are the places and why do you think the **usted** was omitted?

Usted could have been used after: **quiere, desea, tiene**.
But:
a the shopkeeper has already used **usted** (showing his politeness)
b there is no confusion with 'he' 'she' 'it'
c the dialogue would be rather repetitive if **usted** were put in all the time.

Note: Usted and ustedes are often abbreviated to **Vd.** and **Vds**.

Unidad 3

 Primera parte: reflexive verbs

You may not have realised it, but you have most probably been using reflexive verbs since your first Spanish lesson:

¿Cómo te llamas?
Me llamo . . .

Look at some examples of verbs taken from unit 3, referring to people's daily routine. What differences do you notice between the two groups of verbs?

A ¿**Me lavo** aquí?
 ¿**Te vistes** antes de desayunar?
 ¿A qué hora **se despierta** usted?
 Nos duchamos por la mañana.
 ¿**Os levantáis** temprano?
 Se acuestan a las once.

B **Desayuno** primero.
 ¿**Comes** tú en el colegio?
 ¿Qué **toma** usted para desayunar?
 Salimos a las once.
 ¿Adónde **vais**?
 ¿**Terminas** a las seis?

The difference is fairly obvious. The verbs in Section A need an extra word and that word changes according to who the subject is. The words are: **me**, **te**, **se**, **nos**, **os**, **se**.

Why are these extra words used? To 'reflect' the fact that the action is done to oneself, e.g. I wash (myself) in the bathroom.

Whereas in English we often miss out the extra word, in Spanish it must be included.

Ejemplo:

Me lavo en el cuarto de baño:
I wash myself in the bathroom,
or *I wash in the bathroom,*
or *I have a wash in the bathroom.*

So, what does **me llamo** mean literally? It means 'I call **myself'**.

Primer ejercicio

Pick out the reflexive verbs from the following dialogue:

Pilar – ¿Te levantas tarde cuando estás de vacaciones?
Juan – Depende. Si estoy cerca de la playa me baño por la mañana antes de desayunar.
Pilar – ¿A qué hora te despiertas para hacer eso?
Juan – A las siete.
Pilar – ¿Qué piensa tu mujer?

Juan – No mucho. Ella se levanta muy tarde, se viste, toma el desayuno y se sienta en la terraza de la habitación.
Pilar – ¿Os quedáis en un buen hotel?
Juan – Sí. Nos cuesta bastante pero vale.

The reflexive verbs are:
te levantas
me baño
te despiertas
se levanta
se viste
se sienta
os quedáis

Segundo ejercicio

Your penfriend sends you a letter describing what she and the family do at the weekends. Fill in the blanks with one of the following:
me, **te**, **se**, **nos**, **os**, **se**.

> Los sábados mi hermano .... despierta primero. ¡No entiendo porque durante la semana .... levanta lo más tarde posible! Mis padres .... levantan después. Mi madre prepara el desayuno y mi padre .... lava en el cuarto de baño. Luego .... sentamos en el comedor y tomamos el desayuno. Después .... pongo mis vaqueros y una camisa y salgo. .... reúno con mis amigos en la plaza. .... divertimos muchísimo. A veces .... bañamos en el río o .... sentamos al sol.
> ¿Qué haces tú el sábado? ¿ .... diviertes con amigos o .... quedas en casa? ¿ .... bañáis en el río como nosotros o en la piscina?

How do you know when to use a reflexive verb in Spanish?
Compare these two sentences:

Me lavo en el cuarto de baño.
Lavo el coche.

In the first sentence the action is done to oneself:
I wash *myself* in the bathroom.
In the second sentence the action is done to something else:
I wash the *car.*

At other times you have to remember (or look up in a dictionary to find out) whether the extra word is tagged on to the infinitive: e.g. **reunirse** – to meet.

A SER DETECTIVE

Tercer ejercicio
Finally, see if you can answer all these questions
about yourself and your family's daily routine put to
you by a rather inquisitive person!

1. ¿Quién se levanta primero en tu casa?
2. ¿Os despertáis temprano los fines de semana?
3. ¿Tu madre prepara el desayuno?
4. ¿Te vistes antes o después del desayuno?
5. ¿Qué te pones para ir al colegio?
6. ¿Tus padres cenan a qué hora?
7. ¿Se acuestan tarde?
8. ¿Y tú y tu hermano os acostáis a las diez o más tarde?
9. ¿Te quedas en casa por la tarde o te diviertes con amigos?
10. ¿Escuchas discos o ves la televisión por la tarde?

Segunda parte: radical or stem-changing verbs
Look at the following extracts from the letter that
Miguel wrote to Paul on page 31.

Me despierto a las seis y media. **¿Tienes** que levantarte
temprano? Las clases **empiezan** a las nueve. Yo
prefiero la comida en casa.

If you look up the verbs in the dictionary you will see
the following entries:
despertarse – to wake up
tener – to have
empezar – to begin
preferir – to prefer
Notice that the **ie** in the stem of the verbs has
changed to **e** in the infinitive:
pref**ie**ro – pref**e**rir.

Primer ejercicio
Look at the following extract from an interview
between a journalist and someone living in the
Spanish Pyrenees describing life there in winter.

Periodista –	Es una vida muy dura, ¿verdad?
Campesino –	En invierno, sí. Nieva bastante y hace mucho frío.
Periodista –	¿Qué piensa usted del clima?
Campesino –	Pues, no siento mucho el frío.
Periodista –	¿No?
Campesino –	Me quedo en casa. Enciendo el fuego, me siento delante y estoy bien.

Pick out the **ie** verbs and write down the infinitives
(don't forget to write **se** on the end if the verb is
reflexive, e.g. despertar**se**).

The infinitives you should have written are:
nevar – to snow
pensar – to think
sentir – to feel
encender – to light
sentarse – to sit down

Segundo ejercicio
Now answer the following questions:

1. ¿Te diviertes los fines de semana?
2. ¿Prefieres el café o el té?
3. ¿Quieres salir el sábado?
4. ¿Que piensan tus padres de la música pop?
5. ¿Te despiertas a qué hora?
6. ¿Nieva mucho en las montañas en España?
7. ¿Tienes muchos deberes por la tarde?
8. ¿A qué hora empiezan las clases?

Tercer ejercicio
Look at this short dialogue and work out what these
verbs have in common:

Marga –	¿A qué hora **vuelves** a casa?
José –	**Vuelvo** a casa a las siete.
Marga –	¿No **puedes** volver antes?
José –	No, no **puedo**. Y mi mujer **vuelve** a las once.
Marga –	Y, ¿a qué hora se **acuesta**?
José –	Se **acuesta** a las doce y se **duerme** en seguida.

In these verbs the stems all contain 'ue'. But in the
infinitive forms the **ue** changes to **o**:
volver – to return   **acostarse** – to go to bed
poder – to be able   **dormirse** – to go to sleep

Tranquilidad

A las seis de la mañana, un hombre se
dirige al jefe de la estación:
- Oiga, ¿qué pasa? El tren que debo
  tomar lleva ya un retraso de media
  hora.
- No se preocupe; su billete sirve
  hasta las doce de la noche.

115

A SER DETECTIVE

Cuarto ejercicio

Look at the conversation in a department store between a girl and her mother. Pick out the **ue** verbs as above and write down the infinitives.

Madre – ¿Dónde se encuentra la ropa de niños?
Dependienta – Está por allí.
Madre – Gracias. ¿Cuánto cuestan estos zapatos?
Dependienta – 5.000 pesetas.
Madre – ¿Me muestra un par más barato?
Dependienta – Claro que sí . . . Aquí tiene.
Niña – ¿Me los pruebo, mamá?
Madre – ¡Sí!
Niña – Me duelen. No puedo andar.
Madre – Entonces devuélvelos a la señora.
Niña – ¿Nos vamos ya?
Madre – No. Llueve mucho y yo no me muevo de aquí antes de comprarte unos zapatos.

You should have found the following verbs:
encontrarse – to be found
costar – to cost
mostrar – to show
probarse – to try on
doler – to hurt
poder – to be able
devolver – to give back
llover – to rain
moverse – to move / to stir

Quinto ejercicio

Look at the following dialogue. The printers have had difficulties with the **o** and the **ue**. Write out the verbs with the correct form of the stem.

Mujer – ¿Cuándo v*lves de Madrid?
Marido – Quiero v*lver mañana pero no sé si p*do.
Mujer – ¿Qué tiempo hace en Madrid?
Marido – Hace frío y va a ll*ver.
Mujer – Aquí ll*ve ahora. ¿Vas a dem*strar los últimos modelos a los clientes antes de v*lver?
Marido – A lo mejor, sí. Mañana dem*stro los artículos, voy al aeropuerto y v*lo a Bilbao por la tarde.
Mujer – Estupendo.
Marido – Hasta mañana.

Here is Luisa's description of an amusing visit to a restaurant where the waiter is a little hard of hearing. Look at the verbs underlined.

Sabes que me gusta salir. Bueno, me compro un nuevo vestido y me lo pongo. ¿Te vistes así cuando vas a un restaurante? Entonces me despido de mis padres y encuentro a Juan delante del restaurante. Una vez sentados Juan pide la carta. Yo elijo sardinas y chuleta y Juan pide una ensalada y un bistec. También media botella de vino tinto y agua mineral con gas. El camarero dice:
– ¿Quiere usted repetir por favor?
Juan repite tres veces y el camarero se va. Unos minutos después vuelve con una botella de vino tinto y agua mineral sin gas.
Yo digo:
– Por favor, usted nos sirve una botella pero sólo queremos media botella.
– ¿Qué dice usted?
– QUE PIDO MEDIA BOTELLA repite Juan.
– Vale, en seguida señor.
Pasa igual toda la tarde: nos sirve tarta helada en vez de helado, fruta en vez de flan. ¡Qué tarde!

In the dictionary you will see the following entries:
vestirse – to get dressed
despedirse – to say goodbye
pedir – to ask for
elegir – to choose
repetir – to repeat
servir – to serve
decir – to say

As you see, the **e** of the stem has changed into an **i**.

Sexto ejercicio

Answer the following questions using suggestions from the box below:

1 ¿Qué dices cuando te despides de tus padres por la mañana?
2 ¿Qué hace el profesor cuando los alumnos no entienden la lección?
3 ¿Qué te sirven en la cantina?
4 ¿Cuánto dinero pides a tus padres cuando quieres comprar ropa?
5 ¿Te vistes tarde los domingos?

patatas fritas y chuletas
repetir la lección
A las once
¡Hasta luego!
3.000 pesetas

116

A SER DETECTIVE

So far you have seen that these verbs change their stem in the 'I', 'you', 'he', 'she', 'it' (**usted**), and 'they' (**ustedes**) forms of the verb. Some change from **e** to **ie**, others from **o** to **ue** (or in the case of **jugar**, **u** to **ue**) and others from **e** to **i**. But the 'we' and 'you' (plural) forms of the verb do not change their stem. We can draw up the following table:

	preferir	**volver**	**pedir**
Yo	prefiero	vuelvo	pido
Tú	prefieres	vuelves	pides
Él, ella, Vd.	prefiere	vuelve	pide
Nosotras/as	preferimos	volvemos	pedimos
Vosotros/as	preferís	volvéis	pedís
Ellos, ellas, Vds.	prefieren	vuelven	piden

Séptimo ejercicio
Use the verbs above and others like them to dispute the following accusations being made against you and your penfriend.

Ejemplo:
Os despertáis muy tarde, ¿verdad? (temprano)
No, nos despertamos temprano.

1 Os vestís en el cuarto de baño, ¿verdad? (dormitorio)
2 Os servís antes de los otros, ¿verdad? (después)
3 Empezáis los deberes en el colegio, ¿verdad? (casa)
4 Volvéis muy tarde por la noche, ¿verdad? (10 p.m.)
5 Os acostáis a la una, ¿verdad? (11 p.m.)

You have come across a number of verbs which are stem-changing in one way or another. However, most verbs do not behave in this way. How can you tell which verbs do?

In some dictionaries, and at the back of this book, stem-changing verbs will have the change of letters in brackets after the infinitive.

Ejemplo
cerrar (ie), volver (ue), pedir (i), jugar (ue).

Finally, two exercises to practise the three types (e→ ie, o→ ue, e→ i) together.

Octavo ejercicio
Look at the following sentences. They are all things you would like to do. Using the information in brackets, write down what you actually do.
Note: Not all the verbs are stem-changing.

Ejemplo:
Me gustaría despertarme a las doce. (8)
Me despierto a las ocho.

1 Me gustaría despertarme a las doce. (7)
2 Me gustaría vestirme a la una. (8)
3 Me gustaría empezar clases a las cuatro. (9)
4 Me gustaría sentarme en el parque. (en clase)
5 Me gustaría comer en un restaurante. (en el colegio)
6 Me gustaría divertirme mucho. (poco)
7 Me gustaría pensar poco. (mucho)
8 Me gustaría hacer deporte por la tarde. (los deberes)
9 Me gustaría volver a la una. (10)
10 Me gustaría acostarme a las dos. (10.30)

Noveno ejercicio
In this exercise, compare what you do during the week with what you do at weekends. Follow the example and complete the second sentences.

Ejemplo:
Los lunes me despierto a las seis y media.
Los sábados *puedo despertarme a las diez.*

1 Los lunes me despierto a las seis y media.
Los sábados .... (10)
2 Los martes me levanto a las siete menos cuarto.
Los domingos .... (10.30)
3 Los miércoles vuelvo a las diez menos cuarto.
Los domingos .... (11.00)
4 Los jueves me acuesto a las diez y media.
Los sábados .... (12.00)
5 Los viernes me duermo a las once menos veinticinco.
Los sábados .... (12.05)

A SER DETECTIVE

Unidad 5

Asking questions

We ask questions when we need information. We ask different sorts of questions to obtain different sorts of information.

In Spanish, the simplest questions to ask are those which need only a 'yes' or 'no' answer. For these you use exactly the same words, in exactly the same order, as you would if you were stating a fact; the important difference is that you have to raise your voice at the end to show that it is a question.

To write a question, you simply use question marks (remember that you need two in Spanish) to indicate to the person reading that this is a question.

Primer ejercicio

With a partner, practise reading these sentences aloud. You can choose whether to read them as facts or as questions. Your partner must listen carefully and say which you have chosen to do. Alternate with your partner.

Ejemplo:

Tú – Podemos salir a dar una vuelta ahora.
Tu pareja – Es una afirmación.

o bien:

Tú – ¿Podemos salir a dar una vuelta ahora?
Tu pareja – Es una pregunta.

1 Todas las habitaciones tienen teléfono.
2 Hay un banco cerca de aquí.
3 Se puede aparcar delante del hotel.
4 El castillo está abierto hoy.
5 Tiene un folleto sobre Santander.
6 Hay clases por la tarde.
7 No funciona el ascensor.
8 Se puede jugar al tenis.
9 Este autobús pasa por la plaza.
10 Se puede vivir con una familia española.
11 Está lejos la casa de Miguel.

We often want a fuller answer than just 'Yes' or 'No' when we ask a question. We want to know:

what?
when?
how many?
how much?
which?
where?
who?
why?
how?

Segundo ejercicio

Look carefully at these questions. They all contain a word which asks for specific information. Which words are these? What specific information do they ask for?

1 ¿*Cuál* es tu deporte favorito?
2 ¿*Qué* hay de interés en Santiago?
3 ¿*Cuándo* sale el tren?
4 ¿*Cuántos* hermanos tienes?
5 ¿*Adónde* vas esta tarde?
6 ¿*Cómo* es la ciudad?
7 ¿*Por qué* no te gusta este hotel?
8 ¿*Quién* es este señor?
9 ¿*Dónde* está el cuarto de baño?
10 ¿*Cómo* llegas al colegio?

Now you should have no difficulty in matching the questions below with the correct answer.

1 ¿Cuántos años tiene?
2 ¿Adónde vas?
3 ¿Cuándo empiezan las vacaciones?
4 ¿Dónde está el Hotel Mirador?
5 ¿Cómo es tu habitación?
6 ¿Por qué no vienes a la discoteca?
7 ¿Cómo se llama el perro?
8 ¿Quién viene con nosotros?
9 ¿Cuál te gusta más?
10 ¿Qué haces los sábados?

a Cerca de la Plaza Mayor
b Es muy cómoda, con vista al mar
c Porque no me gusta bailar
d El 20 de junio
e Al cine
f Mis primos
g Dieciséis
h El rojo
i Negrito
j Escucho discos

What do you notice about all these question words? They are called interrogatives; can you suggest why? Is there anything they have in common?

First, they are all placed at the beginning of the question, and second, they all have an accent. The accent is important, because these words are also used in sentences which are not questions, and then they don't have an accent.

Tercer ejercicio

Look at these sentences. Decide which of each pair is a question and write it in your exercise book with question marks around it.

1 Cuándo empieza la película.
   Cuando vas de vacaciones es mejor ir en coche.
2 El libro que voy a comprar es muy interesante.
   Qué haces en la cocina.
3 Le ruego me mande cuantos folletos tenga sobre la ciudad.
   Cuántos días te quedas en Málaga.
4 Dónde pongo mi ropa.
   Al llegar donde está el cine Rex, tuerza a la derecha.
5 Quién es Juan.
   El señor con quien habla mi hermano es muy simpático.
6 No voy a comprarlo allí porque esta tienda es muy cara.
   Por qué necesitas otro.

¿Por qué? is easy to spot because not only does it have an accent when used in a question, but it also becomes two words.

Cuarto ejercicio

Look at the sentences below. What do you notice about the question words?

¿De qué está hecho?
¿Para cuándo necesitas estos zapatos?
¿Con quién vas a París?
¿En qué consiste esta salsa?
¿Para quién vas a comprar el disco?
¿Hasta cuándo vas a estar en Portugal?
¿A quién te va a presentar?
¿De quién es esta llave?
¿A cuál de los libros te refieres?
¿De dónde vienes?
¿A qué hora desayunamos?

Can you see what has happened? All the question words have been pushed into second place by words meaning: for, from, to, in, with, until, at or of.

In English, we usually put these words at the end of our questions, but this would sound very strange to a Spaniard. For example, we would say: What is it made *of*? but a Spaniard would say: **¿De qué está hecho?**

Quinto ejercicio

Work with a partner and see if you can match each of the pieces of information below with one of the questions below left. Take it in turns to ask a question and find a sensible answer. There are clues! When you have worked them out, write the questions and answers together in your exercise book.

Ejemplo:

Tú – ¿**Con** quién vas a París?
Tu pareja – Voy **con** mi primo.

1 *A* las ocho.
2 Creo que es *de* María.
3 Los necesito *para* mañana.
4 Me va a presentar *a* su amigo, Jaime.
5 Vengo *de* casa de Mari Carmen.
6 Lo voy a comprar *para* mi novio.
7 Me refiero *al* libro que voy a comprar.
8 Voy a estar allí *hasta* la semana que viene.
9 Consiste *en* leche, harina, azúcar y limón.
10 Voy *con* mi primo.
11 Está hecho *de* cuero auténtico.

¿Cuánto?

You must be particularly careful when you use **¿cuánto?** Can you explain why?

¿Cuántas amigas vienen a la fiesta?
¿Cuántos caramelos vas a comprar?
¿Cuánto dinero tiene?
¿Cuánta influencia tiene este señor?

How do you know whether to use **¿cuánto?, ¿cuánta?, ¿cuántos?** or **¿cuántas?** Look at these examples:

¿Cuántas habitaciones hay en este piso?
¿Cuánto éxito ha tenido en Francia?
¿Cuántos días vas a pasar allí?
¿Cuánta sopa vas a preparar?

Have you worked it out? This table will help you:

feminine singular (la/una)	masculine singular (el/un)	feminine plural (las)	masculine plural (los)
la sopa la influencia	el dinero el éxito	las amigas las habitaciones	los caramelos los días
¿Cuánta sopa . . .? ¿Cuánta influencia . . .?	¿Cuánto dinero . . .? ¿Cuánto éxito . . .?	¿Cuántas amigas . . .? ¿Cuántas habitaciones . . .?	¿Cuántos caramelos . . .? ¿Cuántos días . . .?

However, when you are asking about prices,
¿cuánto? never changes:

¿Cuánto cuestan las manzanas?
Este libro, ¿cuánto es?
¿Cuánto cuesta la falda amarilla?
¿Cuánto cuestan estos caramelos?

Sexto ejercicio

Practise choosing the correct form of **¿cuánto?**
Write the completed sentences in your exercise book.

1 ¿ .... días de fiesta hay en un año?
2 ¿ .... ensalada necesitamos?
3 ¿ .... discotecas hay en la ciudad?
4 ¿ .... asientos libres hay?
5 ¿ .... cuesta esta revista?
6 ¿ .... pollo tengo que comprar?
7 ¿ .... horas de deberes tienes
normalmente?
8 ¿ .... cuestan estas postales?
9 ¿ .... dinero tienes?
10 ¿ .... chicos hay en este colegio?
11 ¿ .... asignaturas estudias?
12 ¿ .... alumnos hay en las clases?

Séptimo ejercicio

When you find yourself in a new or strange situation,
you will want to ask lots of questions. If you were in a
friend's house in Spain, what questions would you
have asked to get the following answers?

All the questions you need have already appeared
in this section. How fast can you find them?

1 No, sólo a dos minutos andando.
2 Creo que sale a las diez y cinco.
3 ¿El cuarto de baño? Al lado de tu habitación.
4 Mañana. Hoy no tenemos tiempo.
5 Normalmente, desayunamos a las ocho.
6 El perro se llama César.
7 Puedes poner tu ropa en este armario.
8 ¿Juan? Es un amigo mío del colegio.
9 En este piso hay ocho habitaciones en total.
10 ¿Discotecas? Hay muchas, pero son malas, y
caras.

Unidad 7

 The preterite

Read the following passage. What job do the words underlined do?

> Ayer, después de comer cogí el autobus y fui a casa de mi amigo Miguel. Él me mostró su nueva bicicleta y luego escuchamos música en su habitación. Su hermana llegó sobre las tres y decidimos salir. Fuimos al parque pero empezó a llover. Nos encontramos con Raúl y él nos invitó a una fiesta en su casa. Fue fabulosa. Bailamos y charlamos mucho. No volví a casa hasta las dos de la mañana.

The words underlined are all *verbs*; they say that someone *did* something or that something *happened*. Look at the passage again and check that this is the case.

This form of the verb that tells you what people did, or what happened, is called the preterite. Once you know how to use it you can talk and write about all the interesting things that happened in the past. Look at some more examples of the preterite. Can you guess who is being talked about here?

> Nació en 1919 en Junín, un pueblo en Argentina. En 1934 fue a Buenos Aires, atraída por un gran interés en el teatro. Al principio no tuvo éxito. En 1944 conoció al coronel Perón y en 1945 se casó con él. En 1951 hizo un viaje a Europa y en 1952 enfermó con cáncer. Murió a los 33 años. Unos 25 años después su vida fue el tema de una ópera 'rock' escrita por dos jóvenes compositores ingleses. Ellos escribieron también 'Jesucristo Superestrella'.

You can see that the preterite works in Spanish exactly as it does in English; it tells people what happened.

As with the other tenses you already know, the ending of the verb is very important, for this is what tells you *who* is doing, or in the case of the preterite who *did*, the action of the verb.

Look at this verb:

compr**é**	I bought
compr**aste**	you bought
compr**ó**	he, she or 'Vd.' bought
compr**amos**	we bought

You already know that **comprar** in the infinitive ends in **ar**.

comprasteis
compraron

Primer ejercicio

Look at the passage below. How many examples can you find of **ar** verbs being used in the preterite? For each one, can you say who did it and what they did?

> El otro día fui al centro con mi amigo Raúl. Como siempre, compró un disco nuevo y después me invitó a tomar algo en un bar. Más tarde, decidimos ir a una discoteca nueva en un pueblo no muy lejos. Invitamos también a Montse, una amiga. Lo pasé muy bien en la discoteca. Bailé con la hermana de Raúl; es una chica muy simpática. Me gusta. Salimos muy tarde de la discoteca. Yo fui a casa de Raúl y Montse fue en taxi a su casa. Al día siguiente la llamé por teléfono y la pregunté
> – ¿A qué hora llegaste a casa anoche?
> – Sobre las dos – contestó. Y hoy mi padre está muy enfadado conmigo.

Not all verbs end in **ar**, of course. Look what happens when you want to make **er** verbs like **comer**, and **ir** verbs like **salir**, talk about the past.

com**í**	sal**í**
com**iste**	sal**iste**
com**ió**	sal**ió**
com**imos**	sal**imos**

salisteis
salieron

As you can see, they are identical, so you only need to know one set of endings for both **er** and **ir** verbs.

Segundo ejercicio

Look back at Miguel's letter on page 71. Then look at the following sentences. Make two lists, one of the sentences which are right and another of those which are wrong. Can you correct those which are wrong?

Ejemplo:

Salió mucho con los amigos de su hermana.
Es cierto.
Pasó una semana en Madrid.
No es cierto. Pasó dos semanas en Madrid.

1 Conoció a muchos amigos de su hermana.
2 Durante el día fue al cine.
3 Muchas veces se reunió con los amigos en casa de uno de ellos.
4 Lo pasó bastante bien.
5 En Cambados se alojó en un hotel.
6 No comió en Tuy.

Now, without looking back at the letter, can you re-write the sentences as Miguel wrote them when talking about himself?

Do you ever have one of those days when nothing goes right? Look at the following sentence:

Normalmente me levanto a las siete, pero *ayer* no me levanté hasta las ocho.

In this sentence the writer says what he *usually* does using the present tense, and what he did *yesterday*, using the preterite.

Tercer ejercicio

Can you put **normalmente** and **ayer** in the correct places in these sentences:

1 Los jueves .... tenemos clase de gimnasia pero .... salimos a jugar al tenis. No me gusta el tenis. Lo detesto.
2 .... vi a Jaime por la tarde. .... no está en Santander durante la semana. Traté de no hablarle.
3 .... fuimos al cine en el Pasaje. .... vamos al otro cerca de la estación. Vimos una película muy mala.
4 .... vuelve a casa en autobús pero .... decidió volver a pie, ¡y empezó a llover!
5 .... mi madre compra pescado en el mercado pero .... lo compró en una pescadería nueva en la Rúa. No me gustó.

Here are some verbs you are already familiar with. Will they change their endings like **comprar** or like **salir** and **comer**, when you want to talk about what happened?

aprender, ayudar, vivir, responder, trabajar, escribir, perder, alquilar, coger, bajar, recibir.

Some verbs follow a slightly different pattern when they refer to what happened in the past. It is useful to remember them. Here are two.

ir	to go
fui	I went
fuiste	you went
fue	he, she or 'Vd.' went
fuimos	we went
hacer	to make or to do
hice	I did or I made
hiciste	you did or you made
hizo	he, she or 'Vd.' did or he, she or 'Vd.' made
hicimos	we did or we made

Cuarto ejercicio

Complete these sentences with a part of the verb **ir** or **hacer** so that they make sense.

1 Anoche no .... mis deberes.
2 En 1951 Evita Perón .... a Europa.
3 ¿Qué .... este fin de semana?
4 Su padre .... a Madrid la semana pasada.
5 El sábado .... de compras.
6 ¿Qué .... durante tus vacaciones?
7 ¿Adónde .... el año pasado?

Unidad 8

 ### Adverbs

These three sentences contain three words which have something in common. Can you see which they are, and how they are made?

1 Los días pasan muy *lentamente*.
2 *Seguramente* vamos a ir a Santander.
3 *Francamente* me gustaría más ir al cine.

Lentamente, seguramente and **francamente** have English equivalents with the letters 'ly' at the end: slowly, surely, frankly. They are formed by taking the adjective (**lento** = slow, **seguro** = sure, **franco** = frank), changing the **o** into an **a**, and adding **-mente**.

These words are *adverbs*. Adverbs help you to make your sentences more interesting by adding to the description of actions, *adding to verbs*.

Ejemplo:
¿Quiere usted hablar más *lentamente*, por favor?

Primer ejercicio
Show that you can make and use adverbs of this type in the following exercise by changing the adjective in italics in the first sentence into an adverb and putting it into the second sentence.

Ejemplo:
Es *seguro* que vamos a la discoteca.
Seguramente te va a gustar.

1 El parque de atracciones es *estupendo*.
   Vamos a pasarlo .... allí.
2 Estoy *cierto* que te va a gustar la película.
   .... es una película fenomenal.
3 El español parece un idioma *rápido*.
   Los españoles parecen hablar muy ....
4 Los profesores ingleses no son muy *estrictos*.
   ¡Pero nos hacen seguir las reglas .... !
5 Mi corresponsal es una persona de habla *lenta*.
   ¡Menos mal que habla tan .... !
6 En la clase los jóvenes españoles son *atentos*.
   Escuchan ....
7 Mi amiga española es muy *cariñosa* con sus animales domésticos.
   Los trata ....
8 Cuando trabajan, las chicas inglesas son muy *cuidadosas*.
   Trabajan muy ....

There are some more adverbs in the next sentences; can you see how they differ from the ones we have met so far?

¿*Posiblemente* podemos ir de excursión?
Probablemente voy a jugar por el equipo juvenil.
Finalmente te toca a ti.
Podemos ir allí *fácilmente*.

When an adjective does not end in an **o** in its masculine singular form, you make it into an adverb simply by adding **-mente** without changing anything.

Posiblemente and **probablemente** enable you to say whether you will possibly or probably do things. If you will certainly do something, the adverb you need is **ciertamente**.

Segundo ejercicio
Ask your partner the questions below. He or she must give one of these answers: **ciertamente**, **probablemente, posiblemente** or **no**.

1 ¿Vas a salir con tus amigos esta noche?
2 ¿Mañana vas a llegar puntualmente al colegio?
3 ¿Vas a casarte antes de los veintidós años?
4 ¿Vas a ir a España el año que viene?
5 ¿Vas a hacer tus deberes esta noche?
6 ¿Vas a ir de vacaciones con tus padres este año?
7 ¿Vas a trabajar en una tienda este fin de semana?
8 ¿Vas a acostarte antes de las once esta noche?
9 ¿Vas a aprobar tus exámenes fácilmente?
10 ¿Vas a escuchar la radio esta noche?
11 Cuando tengas treinta años, ¿vas a ganar mucho dinero?
12 ¿Vas a hacerme unas preguntas en español?
13 ¿Vas a ver la televisión esta tarde?
14 ¿Vas a jugar al fútbol mañana?
15 Cuando tengas veinte años, ¿vas a vivir en esta ciudad?
16 ¿Vas a ir de compras el sábado?

Not all adverbs end in **-mente**. There are three more in the following sentences which don't have **-mente**. Can you spot them?

No he viajado mucho.
Me interesa poco jugar al baloncesto.
Me gustan muchísimo los animales.

Mucho (much, a lot), **poco** (little, not much) and **muchísimo** (very much) are adverbs. With them you can say how much or how little you like certain things.

Tercer ejercicio

Read the following list of activities and say whether you like them a little, a lot or very much.

Ejemplo:

Me gusta mucho jugar al tenis.

1 Jugar al tenis.
2 Estudiar el español.
3 Ir de compras.
4 Jugar al fútbol.
5 Comer ajo.
6 Estudiar las matemáticas.
7 Beber Coca-Cola.
8 Levantarme a las seis de la mañana.
9 Hacer 'footing'.
10 Ir a la discoteca.
11 Jugar al baloncesto.
12 Ir al parque de atracciones.
13 Comer tortillas.
14 Acostarme a las nueve de la tarde.
15 Ver la televisión.
16 Escuchar música clásica.
17 Jugar ai baloncesto.
18 Estudiar el inglés.
19 Hablar con unos amigos.
20 Hacer la cama.

Certain adverbs enable you to say how often you do things. What do you think **una o dos veces** means in the following sentence?

Voy a la discoteca una o dos veces al mes.

Una vez is 'one time' ('once'). So **dos veces** is 'twice'. Can you say what the adverbs mean in these sentences?

Una vez a la semana hacemos deportes.
Dos veces a la semana tengo clase de español.
Salgo rara vez con mis padres.
De vez en cuando voy al museo.
A veces escucho música del Caribe.
Algunas veces vamos a esquiar a los Picos de Europa.
Muchas veces salgo a la discoteca.

Rara vez means 'rarely'.
A veces and **algunas veces** mean 'sometimes'.
Muchas veces and **a menudo** mean 'often'.
De vez en cuando means 'from time to time'.

Cuarto ejercicio

Write five headings: **nunca** (never), **rara vez**, **de vez en cuando**, **algunas veces** and **muchas veces**. Then list these activities under the heading which is most appropriate for you:

1 Voy al cine.
2 Voy a los toros.
3 Nado en el mar.
4 Voy a esquiar a las montañas.
5 Bailo en la discoteca.
6 Juego al baloncesto.
7 Nado en la piscina.
8 Voy al museo.
9 Me duermo en la clase de español.
10 Voy a conciertos de música popular.
11 Voy de vacaciones con mi familia.
12 Voy al club para jóvenes.
13 Escucho mis discos.
14 Voy a la bolera.
15 Salgo con mis amigos.
16 Me levanto antes de las ocho.

You can also use adverbs to give more precise meanings to adjectives. Can you spot three adverbs doing this job in these sentences?

La película es muy divertida.
Santillana es un pueblo bastante pequeño.
La Costa Cantábrica no está demasiado lejos.

Muy (very), **bastante** (quite) and **demasiado** (too) are adverbs.

Quinto ejercicio

Do you agree or disagree with the following eight statements? If you agree, write **De acuerdo**; if you disagree, write **¡Qué va!** ('what nonsense!').

1 Los chicos de hoy son demasiado libres.
2 El español es bastante fácil.
3 Viajar en avión es demasiado caro.
4 Severiano Ballesteros juega muy bien al golf.
5 La historia es bastante interesante.
6 La informática es muy útil.
7 En mi colegio los profesores son demasiado estrictos.
8 Las películas de horror son muy divertidas.

Finally, two words that help you to say whether you do things well or badly:

Lo que hago bien es la mecanografía.
Al tenis juego mal.

Did you spot them? They are the adverbs **bien** (well) and **mal** (badly).

Draw up two charts like these, one for school subjects (**asignaturas**) and the other for sports and games (**deportes y juegos**):

asignaturas		
hago bien	hago bastante bien	hago bastante mal

deportes y juegos		
juego bien al	juego bastante bien al	juego bastante mal al

Choose from these lists of subjects and sports:

asignaturas

el alemán	la geografía
el arte	la historia
la biología	la informática
las ciencias sociales	el inglés
el comercio	las matemáticas
el dibujo	la mecanografía
la educación física	la música
el español	la religión
la física	los trabajos manuales
el francés	

deportes y juegos

ajedrez	fútbol
badminton	golf
baloncesto	hockey
balonmano	rounders
béisbol	rugby
billar	snooker
cricket	voleibol

```
En un cementerio de París, sobre una tumba:
'Luisa C. (1835-1867) ven pronto a mi lado.'
Debajo:
'Vengo en seguida, Pedro (1831-1907).'
Es decir cuarenta años después.
```

Unidad 10

Primera parte: requests

It is very useful to be able to get people to do things!
Here are some examples; can you see what two things
the three verbs have in common?

Llene el tanque.
Mire el agua.
Limpie el parabrisas.

All three verbs end in **e** and they all come from **-ar**
verbs: **llenar**, **mirar**, **limpiar**.

To make a request of someone you don't know well,
take the **yo** part of the present tense of the **-ar** verb
and change the final **o** to **e**.

Ejemplo:

Reparo (*from* reparar) el parabrisas.
I repair the windscreen.
Repare el parabrisas.
Repair the windscreen.

Primer ejercicio

Show you can do this by making requests with these
verbs:

1 Mirar la batería.
2 Pasar por Ribadesella.
3 Cambiar el aceite.
4 Dejar mucho tiempo.
5 Estacionar delante del banco.
6 Tomar la segunda calle.

Be careful with stem- or radical-changing verbs:

Comprobar el agua. **Compruebe** el agua, por favor.

Segundo ejercicio

Here are some more radical-changing verbs: can you
change them into requests?

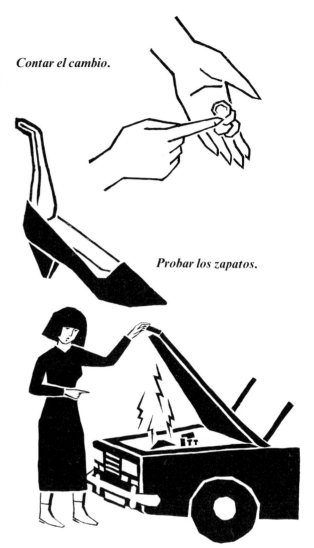

Contar el cambio.

Probar los zapatos.

Indicar el problema.

Encontrar ayuda.

Now here are some requests using the **-er** and **-ir**
verbs **poner**, **hacer**, **volver**, **subir** and **pedir**.
Can you see what they all have in common?

Suba esta calle.
Ponga un litro de aceite.
Haga el favor de limpiar el parabrisas.
Vuelva al centro.
Pida la llave a la cajera.

They have all changed the final **o** of the **yo** part of the
present tense to **a**.

126

A SER DETECTIVE

Tercer ejercicio
Show you can do this by making requests using **-er** and **-ir** verbs:

Ejemplo:
Hay que subir la escalera.
You have to go upstairs.
¡Suba la escalera! Go upstairs!

Be careful to check for extra spelling changes, as in:
Hay que tener cuidado.
You have to be careful.
¡Tenga cuidado! Be careful! (From **tengo**)

1 Hay que volver a la autopista.
2 Hay que poner medio litro de aceite.
3 Hay que pedir un nuevo parabrisas en el garaje.
4 Hay que hacer el favor de indicar la ruta.
5 Hay que escribir al jefe.

There is one notable exception:
Vaya al final de la calle.
Go to the end of the street.
Which verb does **vaya** come from?

Now look at these examples. Can you see two things they have in common?
¡Llénelo! ¡Compruébelo!

They both have **lo** on the end, and they both have an accent. The pronouns **lo** and **la** are placed at the end of requests and the verb then needs an accent on the vowel which had the stress before the **lo** or **la** was added (**llene**, **compruebe**).

Cuarto ejercicio
Change the following verbs into requests, adding the pronouns **lo** or **la** onto the end, depending on whether the nouns they are replacing are masculine or feminine.

Ejemplo
– ¿Miro el aceite?
  Shall I look at the oil?
– Sí, **mírelo** por favor.
  Yes, look at it, please.

1 ¿Lleno el tanque?
2 ¿Compruebo la batería?
3 ¿Cambio el agua?
4 ¿Reparo el neumático?
5 ¿Pongo aceite en el motor?
6 ¿Limpio el parabrisas?

The following requests have an **n** at the end. Why do you think this is?
Pasen por San Vicente.
Tomen la N-621.

These are polite plural requests. If you are instructing more than one person you don't know well to do something, you add an **n**.

Quinto ejercicio
Show you can do this by changing the following verbs.

Ejemplo:
– ¿Podemos tomar la autopista?
– Sí, tomen la autopista.

1 ¿Podemos comprar el mapa aquí?
2 ¿Podemos hablar con el director?
3 ¿Podemos esperar aquí?
4 ¿Podemos tomar el autobús?
5 ¿Podemos volver a las seis?
6 ¿Podemos subir a la oficina?
7 ¿Podemos hacer un cambio de aceite?
8 ¿Podemos poner aire?

 ### Segunda parte: tener que, hay que, hace falta
You have already seen **Hay que subir la escalera**. What do you notice about the beginnings of these sentences?
Tengo que ir al colegio.
Tienes que hablar español.
Hay que estudiar mucho.
Hace falta llegar temprano.

These are all ways of saying that people **have to do** something:

Tengo que (tienes que etc.) I must (you must etc.)
Hay que . . . ⎫ It is necessary . . .
Hace falta . . . ⎭

Primer ejercicio
¿Verdad o mentira?
1 En Inglaterra hay que conducir a la derecha.
2 En Australia tienen que votar en las elecciones.
3 En España hay que llevar un documento de identidad.
4 En el Canadá hace falta llevar mucha ropa en el invierno.
5 En España hay que conducir a la izquierda.
6 Si vas a un colegio español, tienes que ir los sábados.
7 En nuestro colegio tenemos que estudiar el inglés.
8 En nuestra clase el profesor tiene que trabajar mucho.

127

Tercera parte: tener hambre . . .

Look at these examples. What do they have in common?

Tengo hambre.

Tienen sueño.

Tiene prisa.

Tenemos frío.

Tenéis calor.

Tienes sed.

They are all about feeling uncomfortable (even being in a hurry is not pleasant) and they all use part of the verb **tener** with a noun.

Here is the list:

Tener (mucha) hambre – to be (very) hungry
Tener (mucha) sed – to be (very) thirsty
Tener (mucha) prisa – to be in a (great) hurry
Tener (mucho) frío – to be (very) cold
Tener (mucho) calor – to be (very) hot
Tener (mucho) sueño – to be (very) sleepy

Primer ejercicio

Choose one of these illustrations and ask your partner whether he or she is uncomfortable.

Ejemplo:

Tú — ¿Tienes frío?
Tu pareja — No, no tengo frío. ¡Tengo mucho calor!

GRAMMAR SUMMARY

 Nouns and articles

| | Singular | | Plural |
Masculine	Feminine	Masculine	Feminine
un chico	**una** chica	**unos** chicos	**unas** chicas
un hotel	**una** catedral	**unos** hoteles	**unas** catedrales
el autobús	**la** habitación	**los** autobuses	**las** habitaciones

Adjectives

| | Singular | | Plural |
Masculine	Feminine	Masculine	Feminine
1 Masculine ending in -o			
un libro rojo	una chaqueta roja	unos libros rojos	unas chaquetas rojas
2 Masculine ending in any other letter but -o			
un bolso verde	una blusa verde	unos bolsos verdes	unas blusas verdes
un abrigo azul	una casa azul	unos abrigos azul**es**	unas casas azul**es**
3 Adjectives of nationality not ending in -o			
un chico inglés	una chica ingl**esa**	unos chicos ingl**eses**	unas chicas ingl**esas**
un señor español	una señora español**a**	unos señores español**es**	unas señoras español**as**

Lo + adjective

Lo + adjective translates 'The . . . thing', for example:
Lo bueno es que. . . .
The good thing is that. . . .

Possessive adjectives (my, your, his, etc)

These possessive adjectives agree with the noun they describe, for example:
mi hermano   mis hermanos

In the second case the noun (**hermano**) is in the plural and therefore **mi** must change to **mis**.

Possessive adjectives

| | Singular | | Plural |
	Masculine	Feminine	Masculine	Feminine
my	mi	mi	mis	mis
your (fam)	tu	tu	tus	tus
his, her, its, your (formal)	su	su	sus	sus
our	nuestro	nuestra	nuestros	nuestras
your (fam)	vuestro	vuestra	vuestros	vuestras
their, your (formal)	su	su	sus	sus

GRAMMAR SUMMARY

More adjectives: this, these

Singular		Plural	
Masculine	*Feminine*	*Masculine*	*Feminine*
este abrigo	**esta** chaqueta	**estos** abrigos	**estas** chaquetas

Comparative adjectives

Más + adjective + **que** means *more . . . than*, for example:
La historia es **más** interesante **que** la geografía.
*History is **more** interesting **than** geography.*

Menos + adjective + **que** means *less . . . than* (often translated as *not as . . . as*), for example:
Las matemáticas son **menos** difíciles **que** el inglés.
*Maths are **not as** difficult **as** English.*

 ## Adverbs

Adverbs in Spanish are usually formed by adding **-mente** to the adjective, for example:
fácil → fácil**mente**
posible → posible**mente**

However, when the Spanish adjective ends in **-o**, you must make it feminine before adding **-mente**, for example:
rápido → rápida → rápid**amente**

Some adverbs do not end in **-mente**:

mucho	*a lot*
poco	*a little*
bien	*well*

mal	*badly*
rara vez	*rarely*
muchas veces	
a menudo	*often*
algunas veces	
a veces	*sometimes*
nunca	*never*

Some adverbs give a more precise meaning to adjectives:
bastante bueno — *quite good*
muy interesante — *very interesting*
demasiado caro — *too expensive*

 ## Verbs

Present tense

	Regular verbs			Radical-changing verbs		
	hablar	**comer**	**vivir**	**preferir (ie)**	**poder (ue)**	**servir (i)**
I	hablo	como	vivo	prefiero	puedo	sirvo
you (fam.)	hablas	comes	vives	prefieres	puedes	sirves
he, she, it, you (formal)	habla	come	vive	prefiere	puede	sirve
we	hablamos	comemos	vivimos	preferimos	podemos	servimos
you (fam., plural)	habláis	coméis	vivís	preferís	podéis	servís
they, you (formal, plural)	hablan	comen	viven	prefieren	pueden	sirven

131

GRAMMAR SUMMARY

Irregular verbs

ser	tener	ir	estar	hacer
soy	tengo	voy	estoy	hago
eres	tienes	vas	estás	haces
es	tiene	va	está	hace
somos	tenemos	vamos	estamos	hacemos
sois	tenéis	vais	estáis	hacéis
son	tienen	van	están	hacen

'Ser' and 'estar'

There are two verbs meaning to be: **ser** and **estar**.

Ser is used to describe the permanent characteristics of a person, place or thing, for example:

nationality	**Soy** inglés
size	**Es** grande
colour	**Son** rojos
temperament	**Es** una chica muy seria
occupation	**Soy** alumna

Estar is used to refer to the position of a person, place or thing, for example:
Madrid **está** en España.
Estoy aquí.

Gustar

When the thing or person liked is singular you use **gusta**:
Me gusta el cine.
When they are plural you use **gustan**:
¿Te gustan las patatas fritas?
To say what you like doing you use **gusta** followed by an infinitive:
Me gusta bailar.

Preterite of regular verbs

The preterite is used to describe what you did or what happened, for example:
I bought; he ate; you went out.

comprar	**comer**	**salir**
compré	comí	salí
compraste	comiste	saliste
compró	comió	salió
compramos	comimos	salimos
comprasteis	comisteis	salisteis
compraron	comieron	salieron

Preterite of 'ir' and 'hacer'

These verbs require different endings. Note that there are *no* accents with these verbs.

ir	**hacer**
fui	hice
fuiste	hiciste
fue	hizo
fuimos	hicimos
fuisteis	hicisteis
fueron	hicieron

'Voy a' + infinitive

The easiest and most common way of saying what someone is going to do is to use the verb **ir** + **a** + infinitive, for example:
¿Qué vas a hacer mañana?
Voy a jugar al tenis.

Giving commands and instructions

To give an instruction to a person or persons whom you do not know well, take the **-o** off the **yo** part of the present tense and add these endings:

	-ar verbs	*-er or -ir verbs*
Singular	-e	-a
Plural	-en	-an

This works for all regular and radical-changing verbs and most irregular verbs, for example:
Mir**o** – ¡Mir**e**!
Vuelv**o** – ¡Vuelv**a**!
Sub**o** – ¡Sub**a**!
Teng**o** cuidado – ¡Teng**an** cuidado!

The most common exception is:
Voy – ¡**Vaya**!

Idioms with 'tener'

You have met the following:

tener que	*to have to*
tener hambre	*to be hungry*
tener sed	*to be thirsty*
tener prisa	*to be in a hurry*
tener calor	*to feel hot*
tener frío	*to feel cold*
tener sueño	*to be sleepy*

Interrogatives

To make a statement into a question, simply add question marks, for example:
Hay un banco por aquí.
¿Hay un banco por aquí?

Here is a list of the question words. Note that they all require accents.

¿Cuánto(s)?	*How much? How many?*
¿Cuándo?	*When?*
¿Dónde?	*Where?*
¿Cómo?	*How? What . . . like?*
¿Por qué?	*Why?*
¿Quién?	*Who?*
¿Qué?	*What? Which?*
¿Cuál?	*Which one?*

¿Cuánto es este vestido?
How much is this dress?

¿Cómo es tu hermano?
What is your brother like?

If the question word is used with prepositions (such as from, of, to, for, by, and with), the preposition goes in front of the question word, for example:
Who are you going with?
¿Con quién vas?
What is it made of?
¿De qué está hecho?
Where are you from?
¿De dónde eres?

In the case of **¿adónde?** the two words are joined together:
¿Adónde vas hoy?

 ## Pronouns

Subject pronouns

yo	*I*
tú	*you (fam.)*
él	*he*
ella	*she*
usted (Vd.)	*you (formal)*
nosotros / as	*we*
vosotros / as	*you (fam., plural)*
ellos	*they (masculine)*
ellas	*they (feminine)*
ustedes (Vds.)	*you (formal, plural)*

The subject pronoun is not often used in Spanish (except in the case of **usted / ustedes**), because the verb ending normally indicates the subject of the verb.

However, it can be used for emphasis or to avoid ambiguity.

'Tú' and 'usted (Vd.)'

There are four ways of saying 'you' in Spanish. The **tú** and **vosotros / as** forms are used with people you know well and young people. **Usted** and **ustedes** are used with strangers and people to whom you must show respect.

	Singular	*Plural*
Familiar	(Tú) vives en Madrid	(Vosotros) vivís en Madrid
Formal	(Usted) vive en Madrid	(Ustedes) viven en Madrid

Usted requires the 'he / she' form of the verb and, likewise, **ustedes** requires the 'they' form of the verb.

Usted and **ustedes** also require the reflexive pronoun and the possessive adjectives used with the 'he / she' and the 'they' form of the verb, for example:
¿Se levanta usted temprano?
¿Tienen sus billetes, por favor?

Usted and **ustedes** are often shortened to **Vd.** and **Vds.** in the written form, for example:
¿Tiene Vd. su pasaporte?
¿De dónde vienen Vds.?

Object pronouns

Direct object pronouns

me	*me*
te	*you (fam.)*
le	*him*
lo	*it (masculine)*
la	*her, it (feminine)*
le	*you (formal)*
nos	*us*
os	*you (fam., plural)*
les	*them (masc. people)*
los	*them (masc. things)*
las	*them (fem. people & things)*
les	*you (formal, plural)*

Indirect object pronouns

me	*to / for me*
te	*to / for you (fam.)*
le	*to / for him, her, you (formal)*
nos	*to / for us*
os	*to / for you (fam., plural)*
les	*to / for them, you (formal, plural)*

Reflexive pronouns

me lavo	*I wash myself (I have a wash)*
te lavas	*you wash yourself*
se lava	*he / she / it washes himself / herself / itself*
se lava	*you wash yourself (formal)*
nos lavamos	*we wash ourselves*
os laváis	*you wash yourselves*
se lavan	*they wash themselves*
se lavan	*you wash yourselves (formal)*

Impersonal 'se'

Se is often used to convey the idea of 'one' or 'you' in a general sense, for example:
Se prohibe aparcar aquí.
You are not allowed to park here.
No se puede fumar en el metro.
You can't smoke on the underground.

On other occasions it is best translated by saying something 'is done', for example:
Se habla inglés.
English (is) spoken.
Se venden recuerdos aquí.
Souvenirs (are) sold here.

Position of object and reflexive pronouns

Object and reflexive pronouns normally come immediately before the verb, for example:
Te doy un regalo.
Yo no **lo** bebo.
El chico **la** visita.
Mi amigo **se** llama Juan.

This means that, as you can see, they come immediately before the verb, following the subject and the negative **no**.

But if the verb is an infinitive, the direct object pronoun is added to it:
¿Mi bolsa? Tengo que dejar**la** aquí.
–¿Se puede escuchar los discos?
–¿Sí, señor, usted puede escuchar**los**.

Direct object pronouns, indirect object pronouns and reflexive pronouns are added to the end of the positive command. You need to add an accent to the vowel which was stressed before the pronoun was added:
¡Ll**é**nelo!   ¡H**á**bleme!   ¡Si**é**ntense!

Pronouns followed by a preposition (or disjunctive pronouns)

The pattern is as follows:

para mí	*for me*
sin ti	*without you*
delante de él / ella	*in front of him*
enfrente de usted	*opposite you*
al lado de nosotros / as	*beside us*
cerca de vosotros / as	*near you*
lejos de ellos / ellas	*far from them*
con ustedes	*with you*

But when you use **con**, remember:

conmigo	*with me*
contigo	*with you*

GLOSSARY

This glossary is a word list which will help you in the following ways:

1 To understand Spanish words which you may not have met before, and which you would not be expected to work out for yourself.
2 To develop good dictionary skills.
You need not look up every word that you don't understand. Just decide which words you *really* need to know in order to understand the text.

The following abbreviations are used (they are a standard feature of dictionaries):

    m = masculine
    f = feminine
    pl = plural

Radical-changing verbs are indicated as follows:
    encontrar (ue)   to find

A

abonar *to obtain a season / group ticket*
aconsejar *to advise*
adentrado *jutting out; surrounded by*
agradable *pleasant*
aislado *isolated*
almuerzo (m) *lunch*
alpinismo (m) *climbing*
ambiente (m) *atmosphere*
antemano: de antemano *previously*
añade *add*
ayudar *to help*

B

bahía (f) *bay*
bastón (m) *stick*
billetero (m) *wallet*
bonito (m) *tunny fish*
bosque (m) *wood*

C

calefacción (f) *heating*
cambiar *to change*
cargado *loaded*
casado *married*
castigar *to punish*
caza (f) *hunt*
cinta (f) *tape (cassette)*
claustro (m) *cloisters*
cómodo *comfortable*
concurso (m) *competition*
conducir *to lead*
contestación (f) *reply*
corazón (m) *heart*
cuidadoso *careful*
cursillo (m) *course*

D

despacio *slowly*
detalles (mpl) *details*
di *say, tell*
disfrute (m) *enjoyment*
distinto *different*

E

echar una mano *to lend a hand*
edad (f) *age*
edificio (m) *building*
elegir (i) *to choose*
elevado *raised*
encargado *in charge of*
encontrar (ue) *to find*
enfermo *ill*
época (f) *age, time*
equivocarse *to make a mistake*
escoger *to choose*
estancia (f) *stay*

F

frase (f) *sentence*
fuego (m) *fire*

G

gallego *Galician (from Galicia)*
gama (f) *range, variety*
gastronomía (f) *food, cooking*
goma (f) *rubber*
gratuito *free*
guía (f) *guidebook*

H

haga *do, make (polite form)*
haz *do, make (familiar form)*
hermoso *beautiful, attractive*

I

igual *equal, same*
ilusión: me hace mucha ilusión *I'm looking forward to it*
incómodo *uncomfortable*

J

juntos *together*

L

lago (m) *lake*
lápiz (m) *pencil*
lector (m) *reader*
lencería (f) *linen, bed linen*
letrero (m) *sign, notice*
levantado *raised up*
librería (f) *bookcase*
limpieza (f) *cleaning*
linterna (f) *torch*
localización (f) *situation, position*
lugar (m) *place*
lujoso *luxurious*
luz (f) *light*

M

mandar *to send*
mar (m) *sea*
mariscos (mpl) *shellfish, seafood*
mayoría (f) *majority*
mejillones (mpl) *mussels*
mejorar *to improve*
mido *I measure*
miles (pl) *thousands*
milhojas (fpl) *mille feuilles (similar to vanilla slices)*
mismo *same*
mostrar (ue) *to show*
mundiales *world*

N

nacimiento (m) *birth*
náutico *nautical*
nadar *to swim*
nobleza (f) *nobility*

O

ocio (m) *leisure*
olvidar *to forget*
órden (m) *order*

P

página (f) *page*
paisaje (m) *countryside*
papel (m) *role*
parador (m) *hotel (state owned)*
parecido *similar*
pareja (f) *partner*
pide *ask for*
pedir (i) prestado *to borrow*

Q

quejarse *to complain*
quincena (f) *fortnight*
quizás *perhaps*

pensar (ie) *to think*
peñasco (m) *rock, crag*
perezoso *lazy*
peso (m) *weight*
peso *I weigh*
preciso *necessary*
precioso *wonderful*
pregunta (f) *question*
preguntar *to ask*

R

realizar *to carry out*
regla (f) *ruler*
reglamentario *according to the rules*
rehusar *to refuse*
rendimiento (m) *performance*
respuesta (f) *reply*
roto *broken*

S

sábana (f) *sheet*
sacar notas *to get marks*
saludos (mpl) *greetings*
semejante *similar*
sepulcro (m) *tomb*
siento: lo siento *I am sorry*
siglo (m) *century*
siguiente *following*
suelen *they usually*
sugerencia (f) *suggestion*
supongo *I suppose*

T

tendero (m) *shopkeeper*
tener ganas de (+ inf) *to feel like (doing)*
tener razón *to be right*
ternera (f) *veal*
trozo (m) *slice*
túrnate *take turns*

V

vela (f) *candle*
vengas *you come*
verbena (f) *open-air dance (often held during a fiesta)*
vista (f) *view*
voladuras (f) *blasting, blowing-up*